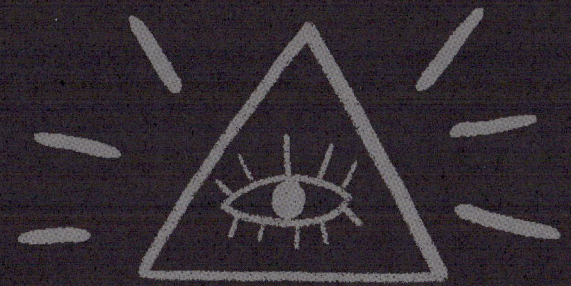

GLAUBEN SIE AN DIE WAHRHEIT?

GLAUBEN SIE AN DIE WAHRHEIT?

SZENARIO

Doan Bui

ZEICHNUNGEN & FARBEN

Leslie Plée

ÜBERSETZUNG

Christiane Bartelsen

CARLSEN

Fake News
kann man mit
»Falschmeldung«
übersetzen.

Wörtlich übersetzt ist es
eine »falsche Information«.

Fake News sind laut Duden:
»in den Medien und im Internet,
besonders in sozialen Netzwerken,
in manipulativer Absicht verbreitete Falschmeldungen«

Eine Fake News ist

»eine Information, die falsch oder
absichtlich irreführend ist und die
verbreitet wird, um eine politische
Partei gegenüber einer anderen
zu bevorzugen ...

... um den Ruf einer
Person oder einer Firma
zu schädigen ...

... oder um einer bestätigten
wissenschaftlichen Wahrheit
zu widersprechen.«*

* Definition der Commission d'enrichissement de la langue française,
Kommission zur Bereicherung der französischen Sprache

Wenn ich »Journalist« höre, denke ich an *Tim und Struppi*.

Auch wenn man Tim nicht oft an seinen Artikeln arbeiten sah.

Bei meiner journalistischen Arbeit denke ich eher an

Alice im Wunderland.

Manchmal ist eine Recherchereise nämlich ein bisschen wie ein Trip von Alice: sehr skurril.

Sie streiken im Sitzen?

Wogegen protestieren Sie?

Was sind Ihre Forderungen?

Wären Sie bereit, ein Interview zu geben?

Oft stehe ich vor verschlossenen Türen.

Man trifft eine Menge Leute, die sehr anders ticken — das kann verstörend sein.

Manchmal fühlt man sich ganz klein vor Menschen, die mit Tragödien konfrontiert sind ...

... oder erstickt, wenn man Prozessen zu Frauenmorden, Vergewaltigungen oder Inzest beiwohnt ...

»Zur Strafe dafür soll ich jetzt anscheinend in meinen eigenen Tränen ertrinken!«*

* nach »Alice im Wunderland«, Lewis Caroll

6

Ich erkunde unerwartete Welten. Und die der Fake News ist besonders unwertund.

In der Welt der falschen Informationen heißt gut plötzlich schlecht, Weiß ist Schwarz und rund ist flach ...

Willkommen in der nicht
so wunderbaren Welt
der Fake News.

Die
TRUTHER

Sandy Hook ist ein kleines, wohlhabendes Dorf, eine Stunde von New York entfernt.

Die Art Vorort,
wie man sie aus
amerikanischen
Serien kennt.

Sehr
Desperate
Housewives.

Es gibt eine Main Street
mit ein paar Cafés und
einigen Restaurants.

Bacon, Egg
& Cheese
$1.50

Die Schule von Sandy Hook war eine ruhige, eher bessere Schule. Nicht unbedingt der Ort, der Schlagzeilen macht.

Bis zum 14. Dezember 2012.

Hier sagt man übrigens nur 12–14. Wie 9–11.

An dem Tag drang der Täter gewaltsam in die Schule ein und tötete 20 Grundschüler*innen, drei Lehrerinnen und die Direktorin.

NEWTOWN, CONNECTICUT

BREAKING NEWS
OUR HEARTS ARE BROKEN TODAY
BARACK OBAMA I PRESIDENT > "WE'VE BEEN THROUGH
THIS TOO MANY TIMES"

LIVE
CNN

Ich wollte die Überlebenden der Tragödie treffen. Die Eltern.

Neil Heslin gehört zu denen, die eingewilligt haben, sich mit mir zu treffen.

Keep right on 95 north, Sandy Hook direction.

Hello.

Die gehörte Jesse. Er schaukelte stundenlang darauf.

Wir haben den Nachmittag zusammen verbracht. Wir sind durch Sandy Hook gelaufen.

Hello Katie, this is Doan Bui, a journalist.

Oh, hello there, how are you?

I am writing about the Sandy Hook shooting.

Oh ... I lost my son Jack that day.

Ooh ...

Sandy Hook ist winzig. Hier kennen sich alle.

Oh, hello Neil, how are you doing?

Fine!

RONNIE'S II

Lindsay war Jesses Erzieherin im Kindergarten, sie kannte so gut wie alle Kinder, die gestorben sind.

Als die Sonne unterging, sind wir auch noch zur Schule gegangen.

PICK UP AND DROP UP

In Jesses Klasse sind elf Kinder gestorben, zehn sind weggerannt. Nebenan sind elf Kinder umgebracht worden. Ein kleines Mädchen hat überlebt, weil es sich totgestellt hatte.

Jesse war sechs Jahre alt. An dem Tag hatte ich ihn zur Schule gebracht und ihm einen Hotdog gekauft ... Eine Stunde später kam die SMS.

»Schießerei an der Grundschule von Sandy Hook«. Ich bin sofort Losgestürmt. Die Straßen waren gesperrt. Alle haben sich bei der Feuerwehr versammelt.

Ich bin mit Neil zum Friedhof gefahren.

Vielleicht fragt man sich eines Tages, in sehr vielen Jahren, warum so viele Kinder am selben Tag starben.

Neil hat ein Interview gegeben, in dem er über seinen Sohn sprach.
Seitdem wird er von Verschwörungstheoretiker*innen gemobbt,
wie auch andere Eltern aus Sandy Hook.

Sie behaupten, ich sei ein Lügner, ein Schauspieler, dass Jesse nie existiert hat und dass es diese Schießerei nie gegeben hat.

Diese Menschen nennt man

die TRUTHER.

Das Wort ist nach dem
11. September entstanden.

Es ist doch merkwürdig, wie die Türme in sich zusammenfallen ... Ich sag dir, das ist eine Verschwörung der CIA.

Das Wort Truther kommt von truth, dem englischen Wort für Wahrheit.

Die Truther wollen um jeden Preis Fakten, die ihnen nicht passen, »ihre« Wahrheit aufdrücken.

Die Truther sind das Symptom einer Epoche,
in der die Menschen in nichts mehr Vertrauen haben
und an allen Institutionen zweifeln:

DER REGIERUNG – DER WISSENSCHAFT – DEN MEDIEN

Nach der Tragödie von Sandy Hook haben die Truther sofort das Internet
mit Blogs, Webseiten und Facebook-Seiten überschwemmt. Sie nehmen die Bilder,
Interviews und Aussagen beider Seiten auseinander.

Die Mutter von Jesse,
Scarlett Lewis,
wurde auch von den
Truthern belästigt.

Das, was passiert ist, ist
furchtbar. Unvorstellbar.
Für die Truther ist das Leugnen
der Tat vielleicht eine Art
Schutzmechanismus
...

Für die Truther sind die Eltern der getöteten Kinder crisis actors,
bezahlte Schauspieler*innen, die Katastrophen nachstellen sollen.
Im Auftrag der Regierung.

Zum Zeitpunkt des Amoklaufs von Sandy Hook, 13 Jahre nach dem
Amoklauf von Columbine, spaltet das Thema Waffenbesitz die USA.

Der Amoklauf Sandy Hook ereignete sich am 14. Dezember 2012, einen Monat nach der Wiederwahl von Obama für eine zweite Amtszeit.

Das hat den Verschwörungswahn der Truther angeheizt.

LEAVE ME MY GUN

DEMOCRATS DISARM THE INNOCENT!

Sie glauben an eine Verschwörung der Demokraten, damit diese die Schusswaffen verbieten können.

Was diese Theorie noch mehr angefacht hat, war die Stellungnahme eines Mannes namens

ALEX JONES.

Die Show des Vorzeigemannes der Alt-Right (einer rechtsextremen Ideologie) war im Radio und im Internet supererfolgreich. Jones hat zahlreiche Verschwörungstheoretiker*innen in seinen Sender eingeladen.

Ich glaube nicht, dass das wahr ist.

Und jetzt kommen Enthüllungen über den Skandal von Sandy Hook!

Ich habe mein Leben lang Fernsehen gemacht, ich erkenne eine Fälschung sofort!

Diese Eltern sind sehr gute Schauspieler!

INFOWARS

ALEX JONES

Donald Trump hat Alex Jones unterstützt. 2015 ist er in der Show von Alex Jones aufgetreten, noch bevor er zum Präsidenten der Vereinigten Staaten gewählt wurde.

Your reputation is amazing. I will not let you down.

I totally trust this guy!

INFOWARS

Aber zu Trump kommen wir später noch. Wer über Fake News spricht, kommt um ihn nicht herum ...

Neil Heslin hat mit anderen Eltern eine Klage gegen Alex Jones eingereicht.

Bis 2018 landete man automatisch auf Seiten mit Verschwörungstheorien, wenn man Sandy Hook eingab ...

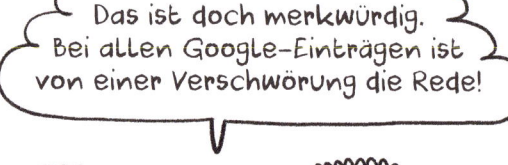

Das ist doch merkwürdig. Bei allen Google-Einträgen ist von einer Verschwörung die Rede!

Daraufhin wurde er aber extrem belästigt und erhielt sogar Mord-drohungen, sodass er umgezogen ist und heute versteckt lebt.

Ich habe ihn besucht.

Der Facebook-Account von Alex Jones und viele Inhalte, die mit den Truthern in Verbindung gebracht wurden, wurden gelöscht.

Lenny Pozner hat beim Amoklauf seinen Sohn Noah verloren. Er war sechs.

Seitdem verbringt er die meiste Zeit damit, die Truther zu bekämpfen.

Er wohnt in Florida. Sagen wir »irgend-wo« in Florida, um ihn zu schützen.

Post erhält er über ein anonymisiertes Postfach.

Machen Sie eine Nah-aufnahme. Einige Truther hatten einmal meine Stadt ausfindig gemacht.

Über die Form der Fenster und des Balkons haben sie es geschafft, den Standort meiner Wohnung zu finden! Dann ging der Terror wieder los.

Heute bestimmt Google, was wahr ist. Wenn Fake News in den Suchergebnissen ganz oben stehen, wird der User sie glauben.

Wenn ich Noahs Namen eingab, stieß ich auf Artikel, die behaupteten, er sei nicht tot, sondern ein Schauspieler! Das machte mich verrückt.

Ich gehe täglich online.

Ich prüfe, ob es neue Inhalte über Noah oder Sandy Hook gibt.

Dann schicke ich Abmahnungen, damit sie gelöscht werden. Manchmal bekomme ich Antworten. Manchmal nicht.

Alleine habe ich es geschafft, die schlimmsten Horrormeldungen über Noah aus dem Internet zu entfernen.

Wenn ich über die Truther schreibe, mache ich dann nicht Werbung für sie?

Im Gegenteil, man muss sie entlarven! Wenn wir sie ignorieren, spielen wir ihr Spiel mit. Der Kampf tobt im Internet.

Neue Artikel über die Truther und Sandy Hook rücken bei der Google-Suche nach oben und machen die Fake News weniger sichtbar.

Viele Eltern gehen nicht mehr ins Internet, um sich zu schützen, und ich kann sie verstehen.

Aber ich wollte einen Truther nach dem anderen überzeugen und stellte die Autopsie meines Sohnes online.

Wozu denn? Wenn sie sagen, dass es ein gefälschtes Dokument ist ...

Einige werden ihre Meinung nie ändern. Aber ich werde immer weiter für die Wahrheit kämpfen.

Seine Beharrlichkeit hat dazu geführt, dass die wichtigsten Truther von Facebook und Twitter verbannt wurden.

Die Folge:
Er ist nun Feind Nummer 1 der Truther geworden. Er hat Morddrohungen erhalten.

Ich bin Jude ... Solche Mythen und Antisemitismus passen zusammen ...

Seine Feinde gehen sogar so weit, ihn mit Nachrichten zu überhäufen, in denen sie erklären, er sei pädophil ...

Die Truther sind aktiver denn je. Nach dem Amoklauf in Parkland, Florida, bei dem 17 Schüler*innen umgebracht wurden, haben sie sich die überlebenden Schüler*innen vorgeknöpft, die sich in der Anti-Waffen-Bewegung engagiert haben.

Sie veröffentlichten im Internet viele meiner privaten Daten: die Nummer meines Führerscheins, meiner Sozialversicherung ...

Wenn die vom NRA* bestimmten Politiker sagen, dass eure Stimme nicht zählt, sagen wir: Es reicht!

← David Hogg

Wolfgang Halbig, einer der Hauptakteur*innen der Truther in Sachen Sandy Hook, hat sich bereit erklärt, mich zu treffen.

»Mein Rechtsanwalt und ich werden beweisen, dass die Regierung in Bezug auf Sandy Hook LÜGT.«

Man könnte sagen, er hat eine Zwangsstörung.

* National Rifle Organisation

> Mit den Dokumenten, die ich besitze, kann ich die Regierung zu Fall bringen.

> Lenny Pozner? Ein Schauspieler, der von den Demokraten bezahlt wird!

> Aber ich sah den Grabstein seines Sohnes!

> Haben Sie den Sarg geöffnet? Wie können Sie sicher sein, dass er nicht leer ist?

Mit Wolfgang zu sprechen ist eine sehr merkwürdige Erfahrung.

> Sie sind Journalistin, Sie müssen die richtigen Fragen stellen! Schauen Sie sich diese Rechnung an. Sie haben die Milch für die Schulkantine an eine andere Adresse geschickt!

> Das beweist, dass die Schule am Tag der Schießerei gar nicht geöffnet war!

Wolfgang Halbig ist mehrfach nach Sandy Hook gefahren, um zu »recherchieren«.

> Ich bin im Stadtrat. Dieser Typ überschwemmt uns mit Anfragen zu Dokumenten, um zu beweisen, dass die Schule nicht geöffnet war.

> Aber ich war dort! Wir haben uns eine Stunde lang in der Bibliothek versteckt. Unsere Kollegen und Schüler sind tot.

eine Lehrerin aus Sandy Hook

Ich habe auch Justin Harvey getroffen, einen jungen Truther.

Justin bezeichnet sich als »Journalisten und Aktivisten«.

Ich habe durch YouTube-Videos angefangen, mich dafür zu interessieren.

Genetisch veränderte Organismen? Die Regierung will uns vergiften!

Sie kommen aus Frankreich? Einer meiner Kollegen hat dort für eine Reportage über die Gelbwesten recherchiert.

Eines Tages, vor einer Gerichtsverhandlung, hat Justin Lenny Pozner gefilmt.

Endlich wehrt sich das Volk gegen diese verlogene Regierung!

Herr Pozner, eine Frage! Sind Sie Schauspieler? Was haben Sie dazu zu sagen?

Justin und Wolfgang bedienen sich derselben Rhetorik wie investigative Journalist*innen, kopieren die Tricks von Michael Moore oder Élise Lucet, wenn sie die Firmenchefinnen und -chefs zur Rede stellen.

Sie verstecken ihr Spiel sehr gut, aber wir lassen uns nicht täuschen!

Die Truther bedienen sich der Methoden
des »alternativen Journalismus«.

Wir sind anders als die
verdorbenen Journalisten
der Massenmedien.

MSM:
Mainstream Media.
Das sind wir.
Die traditionelle Presse.
Die großen Bösen, die sich an das
Großkapital und die Macht ver-
kaufen, diejenigen, die beschuldigt
werden, Fake News zu verbreiten.
Obwohl das Prinzip des Journalismus ja gerade ist, nur Informationen zu veröffentlichen, die
durch unterschiedliche Quellen
überprüft wurden.

Wir werden als herzlos
dargestellt, dabei be-
leidige ich niemanden,
ich stelle nur Fragen.
Ich bin nicht sicher,
ob es wirklich Tote
in Sandy Hook ge-
geben hat.

Aber ich habe die Grab-
steine der Kinder gesehen
und mich mit trauernden
Eltern getroffen!

Haben Sie
die Leichen ge-
sehen? Nein!
Und die Eltern
sind gute Schau-
spieler!

Ach ja, Justin ist außerdem ein Flache-Erde-Anhänger.
Er glaubt, dass die Erde eine Scheibe ist.

Das ist die
größte Ver-
schwörung.
Können Sie
wissenschaft-
lich belegen,
dass die Erde
rund ist?

Aber ...

Moment ...

BITTE?!

WILLKOMMEN BEI DEN FLACHE-ERDE-ANHÄNGER*INNEN

Am 13. November 2019 fand in Dallas die 3. Internationale Konferenz der Flache-Erde-Anhänger*innen statt.

(Die Tickets kosten 200 Dollar, eine VIP-Karte 299.)

650 Menschen sind zu diesem Event gekommen. Zwei Tage mit Konferenzen und den Stars der Bewegung, die über YouTube bekannt geworden sind.

Auf der Konferenz begegnen mir viele Menschen, die mit ihrer Familie gekommen sind.

Wir werden immer zahlreicher! Der Begriff Flat Earth landet 20 Millionen Treffer bei Google, das ist mehr als Donald Trump!

Mark Sargent betreibt den beliebten Channel »Flat-earth clues«.

Mellie hat sich gewünscht, an ihrem Geburtstag herzukommen! Hier lernt sie sehr viel!

Aber wird ihr in der Schule nicht beigebracht, dass die Erde rund ist?

Mellie ist im Home Schooling, wir unterrichten sie zu Hause.

earth is flat

ein Besucher

seine Tochter

seine Enkeltochter, Mellie

Mellie, wie denkst du darüber, dass einige Menschen sagen, die Erde sei rund?

It's crap*!

* So ein Quatsch!

Bei uns zu Hause essen wir nur Bio. Ich backe Brot und habe ein Gemüsebeet. Lebensmittel, die man kaufen kann, sind voller Gift. Und natürlich lassen wir uns nicht impfen!

Die Pharmaunternehmen wollen uns vergiften, und das alles nur für Geld.

Alle Familien, die ich dort getroffen habe, sind Impfgegner. Viele sind sehr religiös.

In den Schriften heißt es, die Erde sei flach.

Die meisten unterrichten ihre Kinder zu Hause. Nur Dany geht zur Schule, in die vierte Klasse.

In der Schule erzähle ich niemandem, dass wir Flacherdler sind, sonst lachen sie über mich.

Die Flache-Erde-Anhänger*innen glauben, dass die Erde rund wie eine Pizza und mit einer Kuppel bedeckt ist, wie bei diesen kitschigen Weihnachtskugeln, in denen Schnee fällt, wenn man sie umdreht.

wahlweise mit Kuppel

In der Mitte ist der Nordpol und drumherum ist eine große Mauer aus Eis, ein bisschen wie in Game of Thrones.

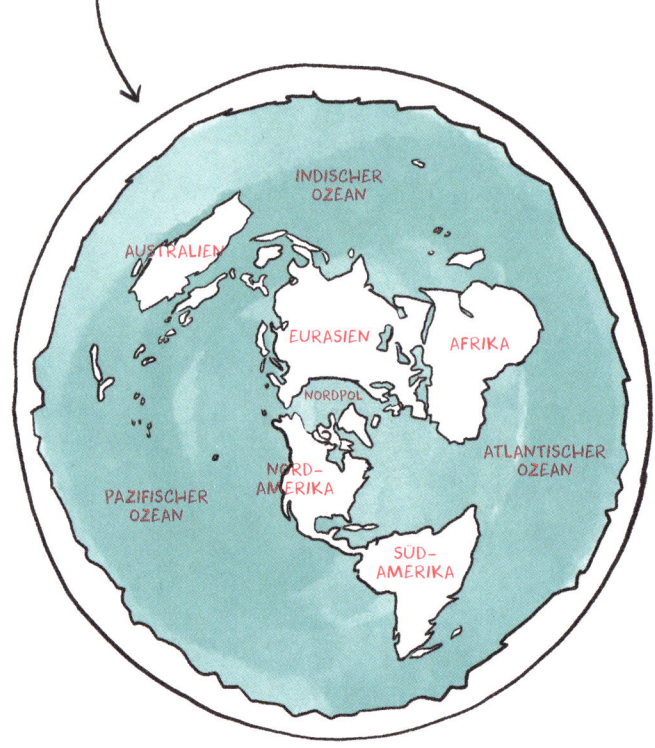

INDISCHER OZEAN

AUSTRALIEN

EURASIEN

AFRIKA

NORDPOL

NORD-AMERIKA

ATLANTISCHER OZEAN

PAZIFISCHER OZEAN

SÜD-AMERIKA

Die Flache-Erde-Anhänger*innen fühlen sich
ein bisschen wie Jim Carrey in der Truman Show.

Wenn du merkst, dass man dich immer nur belogen hat und alles nur eine Show ist, fühlt es sich komisch an.

Dann zweifeln Sie an ALLEM?

Mark Sargent

Alle Flacherdler waren zuerst Skeptiker, die es darauf angelegt haben, unsere Theorien zu widerlegen ... aber sie schafften es nicht!

Aber der Basketballer Kyrie Irving, Lange Zeit ein Anhänger der Bewegung, hat seine Äußerungen zurückgenommen und sich öffentlich entschuldigt!

Die Sponsoren haben Druck ausgeübt ...

Wenn Sie wüssten, wie viele Promis sich nicht als Anhänger outen.

Eine ganze Armee!

Es gibt sogar Dating-Apps für Flach-Erde-Anhänger*innen, wie Flatr.

Humor von Flacherdler*innen

Laut einer Umfrage von YouGov glauben 16 % der Amerikaner*innen daran, dass die Erde nicht rund ist,

unter den 18-bis-24-Jährigen sogar 34 %!

Auch in Frankreich verbreitet sich das Virus. Das IFOP hat eine Umfrage für die Fondation Jean-Jaurès durchgeführt, um unterschiedliche Verschwörungstheorien zu untersuchen.

9 % der Franzosen und Französinnen glauben, dass die Erde eine Scheibe sein könnte. Ob es in Deutschland wohl weniger sind?

Ihr humoristischer Widersacher? Thomas Pesquet. »Die M&Ms sind nicht schwerelos! Na, ihr Flacherdler, setzt euch das keinen Floh ins Ohr? Schon wieder eine Falschmeldung der B-ALL-Spieler!«

Der Astronaut hat sogar ein Selfie von sich im ALL gepostet, um die Flacherdler*innen zu widerlegen. »Für die Anhänger der Verschwörungstheorie, dass wir auf der Erde in einem Schuppen sind ... Obwohl – dieses Foto ist vielleicht auch getürkt! ;) #troll«

I'm on earth

Ich dachte, dass meine Journalistenkolleg*innen auch der Meinung waren, dass die Erde rund sei.

Guten Tag, ich bin Dokumentarfilmer. Ich plane einen Film mit dem Titel »Looking for the Edge of the World«.

Ich frage mich, wie man einen Privatflug in Richtung Antarktis aufhält?

Für welchen Sender arbeiten Sie?

Ich bin unabhängig. Die Mainstream-Medien machen ihren Job nicht richtig.

Übrigens glauben alle Menschen, denen ich auf der Konferenz begegnet bin, dass Sandy Hook ein Fake war.

Haben Sie das Interview gesehen, in dem der Vater anfängt zu weinen, als die Kamera eingeschaltet wird? Das ist doch ein Witz!

Ich glaube schon seit Langem nicht mehr an die Bilder im Fernsehen.

Lenny Pozner hat mir erklärt, dass es einen Zusammenhang zwischen Verschwörungstheorien und Antisemitismus gibt. Das konnte ich auf der Konferenz feststellen.

Owen Benjamin, Special Guest auf der Konferenz →

Er erinnerte mich an einen Comedian, über den Rechtsextreme vielleicht lachen können.

Man darf nichts mehr sagen! Das Showbusiness wird von Sie-wissen-schon-wem kontrolliert. Wir dürfen sie nicht nennen, also Vorsicht!

Sie wollen uns weismachen, dass die Erde sich dreht. Fühlt ihr, wie sie sich bewegt?

HAHAHA!

Dafür liebe ich Owen Benjamin. In diesem Land kann man nicht stolz darauf sein, weiß zu sein.

Es ist spannend, die Gemeinschaft der Flacherdler*innen zu beobachten, denn man trifft auf die unterschiedlichsten Verschwörungstheorien.

Ich hatte mein Erwachen nach dem 11. September, als ich verstanden habe, wie weit die Regierung gehen kann.

Ich habe alles über den Mord an Kennedy gelesen.

Wenn ich von den Flache-Erde-Anhänger*innen erzähle, sagen die Leute:

> Die spinnen!

> Die brauchen einen Psychologen!

Aber die Menschen, die ich getroffen habe, sind nicht verrückt. Ich denke, dass sie vor allem an etwas glauben wollen. Dass sie zu einer Gruppe gehören wollen.

> Sie werden sich über euch lustig machen, euch sagen, dass ihr dumm seid. Aber heute, meine Freunde, sind wir hier zusammen.

Mark Sargent

> Unsere Gemeinschaft ist sehr vielfältig. Gläubige, Atheisten, Republikaner, Demokraten ... Ich bin ein Geek, ich will verstehen, wie alles funktioniert.

> Und da ich rational bin, zweifle ich an dem, was ich sehe, und will es dekonstruieren. Wie Descartes!

Erinnert euch an euren Philosophieunterricht: der kartesianische Zweifel, ein intellektuelles Werkzeug bei der Suche nach der Wahrheit ...

Das Problem ist, dass man nicht immer an allem zweifeln kann.

Und wenn der Himmel nicht da wäre?
Und wenn ich tot wäre und nur
träumen würde, dass ich lebe?

Und wenn die Menschen
um mich Reptilien wären?

Ich bin zurückgekommen, um die Nachrichten heimzusuchen!

Ich werde das Internet zerstören!

Wer hat schon wieder seine Haut liegen lassen?

In »Matrix« entschließt sich der Held die rote Pille zu nehmen und merkt, dass alles um ihn herum nur eine virtuelle Realität ist.

Realität   Traum

Na, Neo, willst du die rote oder die blaue Pille? Willst du wissen oder getäuscht werden?

Lass dir Zeit, aber wir haben auch nicht den ganzen Tag ...

Im Zweifelsfall nehme ich beide ...

Die Metapher der roten Pille wird oft von Verschwörungstheoretiker*innen benutzt. Sie sagen, dass ihnen die Augen zu einem bestimmten Zeitpunkt geöffnet wurden und sie dann die Wahrheit erkannt haben.

iM DSCHUNGEL DER ALGORITHMEN

Oh nein, ich hänge seit zwei Stunden am Smartphone!

Z Z Z

Das Bild des Rabbit Hole (oder Kaninchenbau) beschreibt ziemlich gut unser Verhältnis zum Internet.

Von Klick zu Klick verirren wir uns im Netz, genau wie Alice im Wunderland.

So, das reicht.

BZZ

Google, Facebook, Twitter, YouTube: Sie alle haben diesen Mechanismus verstanden. Ihr Ziel: uns in das Loch fallen zu lassen, aus dem wir nie wieder rauskommen sollen.

YouTube macht 70 % seines Traffics mit Empfehlungen, die sein Algorithmus dem User vorschlägt.

Mit anderen Worten: Wenn ihr ein Verschwörungsvideo anseht, werden euch immer wieder neue vorgeschlagen.

So sind Theorien, die kaum eine Rolle spielten, wie die der flachen Erde, wieder beliebt geworden ...

YouTube könnte es unterbinden, diese Videos zu empfehlen ... hätte dann aber weniger Traffic.

... weniger »Engagement«, bei dem die Besuchszeit und die Interaktion mit anderen Usern gemessen werden — das A und O im Internetbusiness.

Die Chefin von YouTube hat gesagt: »Wir sind eine Bibliothek, und es gibt immer Kontroversen über Bibliotheken ...« Dabei hat sie vergessen zu erwähnen, dass es in einer Bibliothek eine*n Lektor*in gibt, der/die die Werke auswählt und präsentiert.

Guillaume Chaslot war Ingenieur bei Google und bei YouTube, wo er Empfehlungs-algorithmen entwickelt hat. Wenn einer weiß, wie die Dinge laufen, dann er.

Wenn er in »Der Pate« mitspielen würde, wäre er ein Kronzeuge.

YOUTUBE, EINE GEFAHR FÜR DIE DEMOKRATIE?

Ja, ich war ein Komplize. Ja, ich habe für die Corleone gear-beitet. Ja, sie gehören zur Mafia.

Mir ist klar geworden, dass die Algorithmen sämtliche ver-schwörungstheoretischen und verschwörerischen Inhalte gepusht haben.

Und wir trugen die Verantwortung!

Ich habe Guillaume Chaslot getroffen, als er auf der Durchreise in Paris war.

Die Leute glauben, dass die von Google die netten Bärchen sind. Das Schlimme ist, dass sogar die Angestellten davon überzeugt sind!

Googles erster Slogan war immerhin »Don't be evil«, sei nicht böse.

So funktioniert es bei Google und YouTube, aber auch bei Netflix, Amazon Prime und vielen anderen Videoplattformen.

DIE KOUIGN-AMANNISTEN 👍 1,2K 💬 9
Sie glauben, dass die Kouign-amann* die Welt überfallen werden.

Weitere   AUTOMATISCH ABSPIELEN

 Die Erde ist ein Dreieck.

 Die Erde ist ein Crêpe.

 Die Erde = Ossobuco?

Empfehlungs-videos

Das nennt man Filterblasen.

* Kouign-amann ist ein bretonischer Kuchen.

Er erinnert sich noch an die Busreise, als er seine Familie in Lyon besuchen wollte.

Sein Nachbar schaute sich auf dem Smartphone Videos über die Illuminaten an.

Auf der kompletten Reise von Paris nach Lyon. Sechs Stunden lang.

Schließlich haben wir uns unterhalten. Ich habe ihm gesagt, dass ich den Algorithmus programmierte, der ihm immer weitere Videos zum Thema vorschlug.

Also, wenn so viele Leute darüber reden, muss es ja einen wahren Kern geben.

Danach hat Guillaume Chaslot zum ersten Mal Alarm geschlagen.

Vergeblich. Ihm wurde 2013 gekündigt.

Inzwischen hat Guillaume Chaslot Algotransparency entwickelt, ein Tool, mit dem man das alles entschlüsseln kann.

Der Empfehlungsalgorithmus von YouTube generiert über 70 % aller Seitenaufrufe.

Das sind 700.000.000 Stunden – jeden Tag.

Die Anzeigen von Google und Facebook zur Einschränkung von verschwörungstheoretischen Inhalten sind Damage Control.

Aber das Problem ist der Algorithmus. Es ist kein Bug, sondern eine Daseinsberechtigung. Der Algorithmus will deine Aufmerksamkeit so lange wie möglich halten.

Das ist eine Droge, wie die Zigarette.

Als ich das letzte Mal geschaut habe, war eins der meistempfohlenen Videos eins über Riesen ...

»Goliath hat wirklich existiert! Man hat sein riesiges Skelett gefunden, aber das FBI hält es versteckt!«

Anhänger*innen der Kreationisten glauben an eine wörtliche Interpretation der Bibel und lieben Geschichten über Riesen.

Filterblasen sind wir alle schon in unserem Alltag begegnet. Manchmal ist das ganz nett. Ich schaue mir viele Klaviertutorials auf YouTube an. Es werden mir zahlreiche empfohlen.

Für die Arbeit habe ich dschihadistische Propaganda und Sermone von salafistischen Predigern im Internet angesehen (genau, einige davon gehen auf YouTube richtig ab). Die Algorithmen haben das abgespeichert ...

Diese Algorithmen haben superperverse Konsequenzen. Schon seit einiger Zeit wird YouTube für seine Kommentarfunktion kritisiert: So schreiben Pädophile zum Beispiel Kommentare zu harmlosen Kindervideos.

Diese Leute schauen sich die Videos lange an. Der Algorithmus erkennt sie. Wenn er merkt, dass jemand oft Videos von kleinen Mädchen anschaut, die Gymnastik machen, empfiehlt er ihm weitere.

So werden pädophile Neigungen bei Anfälligen sogar noch verstärkt ...

Besonders Schlaue schaffen es sogar, den Algorithmus zu überlisten.

... um prorussische und antieuropäische Fake News zu verbreiten.

Ein ukrainischer YouTube-Channel hat Bots benutzt, um seine Inhalte zu pushen und damit **15 Millionen Pageviews in 15 Tagen zu erreichen ...**

Hillary Clinton Lying for 13 mn straight.

Chaslot ist immer wieder mit seinen Vorgesetzten aneinandergeraten, die nicht an einem Tool rütteln wollten, das für sie gut funktionierte und Geld einbrachte.

Ihr Mantra ist es, zu sagen, dass sie nicht verantwortlich sind, weil ja die User selbst klicken.

Algorithmen nutzen auch unsere Gefühle aus.

Tristan Harris, ein ehemaliger Mitarbeiter von Google und Apple, hat das Center for Humane Technology gegründet.

Jeder Begriff der moralischen Beleidigung in einem Tweet erhöht die Zahl der Retweets um 17%.

Anders gesagt, je mehr ihr euch aufregt, euch empört oder traurig seid, desto mehr geht es ab!!!

Die Gesellschaft ist immer gespaltener ... und zwar vor allem in den sozialen Medien.

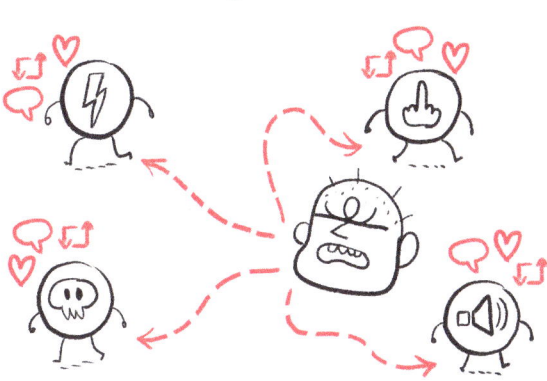

Laut einer Studie des MIT, die 126.000 Onlinegerüchte analysiert hat, die von drei Millionen Menschen weitergeleitet wurden, verbreiten sich Fake News sechsmal schneller als wahre Nachrichten.

Weil sie Empörung oder den Kampfgeist hervorrufen – was einen dazu bringt, auf »teilen« zu klicken.

Ich habe Belege!

Nachricht

Gerücht

Facebook nimmt seine Verantwortung genauso wenig wahr wie Google und YouTube.

Ich bin Jude und es gibt eine Gruppe von Menschen, die den Holocaust leugnet. Das ist sehr schockierend, aber unsere Plattform ist ein Ort der Redefreiheit.

Das heißt, dass es Facebook – außer in Frankreich, wo Holocaust-Leugner*innen strafrechtlich verfolgt werden – egal war, wenn der Holocaust auf seinen Seiten geleugnet wurde.

Mark Zuckerberg

DIE SHOAH

Wohingegen das Bild einer Frau, die stillt, oder von Courbets »Der Ursprung der Welt« sofort zensiert werden!

Als Facebook von allen Seiten angegriffen wurde, wurde damit begonnen, die Inhalte strenger zu über-wachen. Besonders in Län-dern, in denen die Ver-breitung von Fake News tödliche Konsequenzen haben kann.

NAZI FOREVER

RÜLPS

Wie in Sri Lanka, wo ein sehr häufig geteilter Post mit der Behauptung, Moslems würden das Essen der Buddhisten vergiften, zu Unruhen geführt hat.

Seiten wie Infowars wurden von Facebook verbannt.
Aber sie sind zu anderen Plattformen umgezogen ...

gab

Whiteandproud »Das ist eine Verschwörung!
Facebook steckt mit den Demokraten
und den Illuminaten unter einer Decke!
Sie haben unsere Webseite geschlossen.«

Charlesmartel75 «Endlich unter uns!«

Ich muss früh ins Bett,
denn morgen fahre
ich nach Nord-
mazedo-
nien!

Und dir laufe ich nicht mehr
hinterher: Ich hab mein
Smartphone im Wohnzimmer
gelassen!

DIE
FAKE-NEWS-
FABRIK

Nordmazedonien hat zwei Millionen Einwohner*innen – ungefähr so viele wie Paris – und ist kein sehr bekanntes Land. Es wird oft mit der gleichnamigen Region in Griechenland verwechselt.

Bis Februar 2019 hieß es einfach nur »Republik von Mazedonien«, aber unter dem Druck von Griechenland wurde es umbenannt.

Die Hauptstadt heißt Skopje!

Ich habe einen Flug von Paris nach Ljubljana genommen, und dann einen von Ljubljana nach Skopje.

Am Flughafen steht alles auf Kyrillisch.

АЕРОДРОМ АЛЕКСАНДАР ВЕЛИКИ

Das P ist ein R, das H ist ein N. Das ist ja kompliziert!

Bis Februar 2018 hieß der Flughafen dort »Alexander der Große«. Der Name musste leider geändert werden, denn die Griechen beanspruchen Alexander für sich.

Er ist Grieche!

Er ist Mazedonier!

Jetzt spricht der Freund von Barack Obama!!!

Chelsea Clinton ist nicht die Tochter von Bill Clinton!

2016, als Trump seinen Wahlkampf führte, wurde das Land plötzlich weltberühmt.

Mehrere Untersuchungen zeigten, dass eine große Anzahl von Fake News aus Mazedonien stammte.

Es ist wie das »Made in Vietnam« von H&M. Im Jahr 2016 waren Fake News meistens »Made in Macedonia«.

Skopje ist eine kleine, kitschige Stadt. Überall stehen Statuen von Alexander dem Großen, auf seinem Pferd sitzend.

Ich habe Mirko Cekelskoski getroffen.

Es gibt sogar den Arc de Triomphe in klein – zu süß!

Hier, meine Visitenkarte!

Mirko Cekelskoski
consultant marketing internet
the man who help to elect Trump

Ich war auf CNN, BBC, BuzzFeed und in der Washington Post. Die ganze internationale Presse weiß jetzt, wo Mazedonien liegt!

Mirko wird niemals zugeben, dass er selbst Fake News geschrieben hat. Aber er hat die Verfasser*innen von Fake News geschult und ihnen in seinen Lehrgängen beigebracht, »Inhalte zu schreiben, mit denen man die meisten Klicks erzeugt«.

Man muss mit der Überschrift ködern. Schreiben Sie nicht »Salatrezept mit Kurkuma« ...

... sondern »Was ist das geheimnisvolle Gewürz in der Anti-Krebs-Zauberdiät von Jennifer Lopez?«.

Und Trump?

Facebook ist hinter politischen Fake News her, also Achtung. Melania Trump, das geht! Man könnte schreiben: »Die Geheimzutat, mit der Melania Trump es geschafft hat, ihre Traumfigur zu halten«.

Mirko kennt nur eine Messlatte: Zugriffszahlen. Denn nur damit kann man Geld verdienen.

Was mich interessiert, ist der Weltmarkt. Vor allem der amerikanische Markt. Ein amerikanischer Werbeklick bringt mehr ein als etwa ein französischer. Also müssen wir diesen Markt anvisieren.

Er hat sich auf Inhalte spezialisiert, die Klicks bringen:
Autos, Tuning, Jachten oder Diäten mit Wunderzutaten.

Hautärzte sind schockiert.

Diese Creme beseitigt Falten SOFORT!

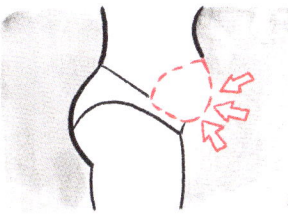

Essen Sie DAS zum Frühstück und Sie werden in 2 Wochen bis zu 14 Kilo abnehmen.

MIT DIESEM GEWÜRZ, NATÜRLICH UND OHNE DIÄT ABNEHMEN

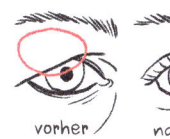 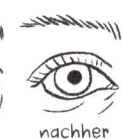

vorher   nachher

Natürliches Mittel gegen hängende Augenlider, Ergebnis innerhalb von 2 Minuten sichtbar!

Je mehr Zugriffe Sie haben, desto mehr Werbung! Facebook und Google zahlen dafür!

Manchmal hat Mirko das Texten outgesourct.

Meine erste Webseite hat mir Geld eingebracht, da ging es um die NBA, aber ich habe es nicht geschafft, genügend Inhalte zu schreiben.

Daher habe ich indische Studenten beauftragt und ihnen 2 bis 3 Dollar pro Artikel von 500 Wörtern gegeben.

Der Großteil der mazedonischen »Nachrichten« wurde in einem kleinen Ort erstellt, der eine Stunde von Skopje entfernt ist: Veles.

Ich bin mit Maja hingefahren, einer Journalistin und Übersetzerin. Das Dorf besteht aus einer Straße mit ein paar Cafés.

Auf dem Höhepunkt von Trumps Wahlkampf haben alle Fake News geschrieben.

Wir schrieben von amerikanischen Webseiten ab und erfanden die verlockendsten Überschriften, um Klicks zu erzeugen.

Morgens sind wir in der Schule eingeschlafen ... Wir haben nachts gearbeitet, damit wir mit den amerikanischen Zeitzonen konform waren. Sogar die Lehrer waren dabei!

Czesko, 19 Jahre

Lehrende verdienen 100 Euro im Monat. Auf dem Höhepunkt der Welle verdiente Czesko 300 bis 400 Euro im Monat ...

Und ihr habt nur Copy-and-paste gemacht?

Nein, manchmal habe ich auch selbst getextet. Die meisten Klicks? Eine Umfrage: »20.000 Migranten kommen an. Was machen Sie? Verjagen Sie sie? Oder tun Sie nichts?« Zeug über Migranten geht immer.

Die Jugendlichen schreiben die Fake News überall. In der Schule. In Parks. In Cafés. Ein Jahr lang lebte Veles in der amerikanischen Zeitzone.

KLICK KLICK KLICK KLICK KLICK KLICK KLICK

Sehen Sie sich um! In jedem zweiten Haus wurden Fake News erfunden!

Eine Zeit lang war es irre. Es gab mehrere Hundert Accounts oder Seiten. Etwa zehn davon hatten mehr als eine Million Aufrufe.

Politik war das nicht mehr – hat niemanden interessiert.

Es machte mich fertig. Je dümmer die Einträge waren, desto mehr Aufrufe bekamen die Seiten. Es ist verrückt, wie viel Blödsinn die Trumpanhänger schlucken.

Bogdan, Informatiker

Riesige Vermögen entstanden. Wie bei diesem Züchter von (echten) Schweinen, der nun (falsche) Inhalte verbreitete.*

KLICK KLICK KLICK KLICK

* In Skopje gibt es das Gerücht von einem Schweinezüchter, der mit Fake News reich geworden ist.

Heute ist man sauer auf die Journalist*innen. In den USA gibt es inzwischen zahlreiche Reportagen über Veles, die über das große Geschäft mit den Fake News berichten.

Alle meine Facebook-Seiten wurden geschlossen!

Inzwischen wird deine Seite geschlossen, wenn du aus Mazedonien kommst, auch wenn du nicht über Trump postest.

Ihr habt die Gans umgebracht, die goldene Eier legt!

Im Restaurant mit Slavcho Chadiev, dem Ex-Bürgermeister der Stadt.

Wir essen natürlich Ajvar (Paprikapüree).

Auf einmal kannten alle Veles! Alle Fernsehsender sind gekommen! Aus der ganzen Welt! Wir sind in die Geschichte eingegangen, weil Trump unseretwegen gewählt wurde.

Mögen Sie Trump?

Er ist ein Staatsmann!

Aber waren die Fake News denn nicht schlecht für Ihren Ruf?

Die Jugendlichen haben nichts Illegales gemacht. Erzählen die traditionellen Medien etwa die Wahrheit, hm?

Ich habe auch Saska Cvetkovska getroffen, eine Investigativjournalistin, die sich mit den sozialen Netzwerken befasst hat, die Mazedonien zur Welthauptstadt der Fake News gemacht haben.

Wir sind ein kleines Land, doch habe ich ziemlich seltsame Verbindungen zwischen politischen Parteien der USA und einigen mazedonischen Internetseiten entdeckt.

Mitglieder der Alt-Right (der alternativen Rechten) hatten Artikel gekauft, in denen falsche Informationen standen, um Kandidaten bei den Wahlen 2016 zu diskreditieren. Russland war ebenfalls involviert ...

Das Land ist tatsächlich für seine »Trollfabriken« bekannt geworden.
In St. Petersburg ist die Internet Research Agency solch ein Büro, in dem angebliche
Posts erfunden werden, die die USA und Europa angreifen sollen.

Nach der Wahl von Trump wurde eine ganze Untersuchung eingeleitet, um herauszufinden, ob Russland mit falschem Content die Wahlergebnisse beeinflusst hatte.

Die IRA wurde mehrfach erwähnt.

Auf einige der Mitglieder, wie Anna Bogacheva, wurde mit dem Finger gezeigt.

Bei den Vorwahlen hat sie die Staaten besucht, die für die Wahl entscheidend waren.

Diese Frau war auch hier. Direkt vor dem Launch der ersten mazedonischen Webseite, auf der Fake News verfasst wurden.

Saskia hat die Identität des Paten der Fake News von Veles entdeckt: den Rechtsanwalt Tale Arsov, einen Vertrauten der Libertären in den USA. Er stand mehreren Politiker*innen der Alt-Right-Bewegung nahe, die seine Webseiten unterstützt haben.

Libertäre
=
Anhänger eines offenen Marktes, der die Rolle des Staates auf ein Minimum beschränkt.

Ich habe Tale Arsov getroffen. Er ist ein lebenslustiger Mittdreißiger. Er selbst sieht sich nicht als Verbreiter von Falschmeldungen, sondern als einen modernen Citizen Kane — einen rechten natürlich.

> Ich wollte ein alternatives Medien-angebot schaffen. Ich bin stolz, an Trumps Wahl mit-gewirkt zu haben.

> Die Linken Medien wie die Washington Post, CNN oder BuzzFeed haben doch die Falschmeldungen über Veles verbreitet!

> Die Menschen vertrauen den Journalisten nicht mehr. Das zeigen die Zahlen.

> Wir hatten mehr Follower als alle mazedonischen Zeitungen zu-sammen! Und Sie, wie viele Leser haben Sie?

Auf seinem Peak hatte Tale Arsov tatsächlich eine Million Besucher*innen auf seiner Facebook-Seite, also fast genau-so viele wie Breitbart News, die Seite von Steve Bannon, Trumps gefallenem Engel. Insge-samt bekamen seine Seiten 30 Millionen Pageviews.

Ich erinnere ihn an einige Postings, die doch ein wenig zweifelhaft waren.

> Also Ihre Artikel über die Enthüllungen eines angeb-lichen »Freundes« von Barack Obama waren ja wohl völliger Quatsch!

> Von 20.000 Artikeln erwähnen Sie ausgerechnet den! Ja, es kann sein, dass es Fehler gegeben hat ... Wir arbeiten tagesaktuell, wie Sie ...

Tale stellte Mazedonier*innen ein, aber auch Amerikaner*innen,
die verschwörungstheoretische Seiten bedienten. Sein einziges Credo: Traffic.

Ich bin ein Businessman. Traffic = Werbung = Geld. Und Sie, wie viel bringt Ihre Zeitung ein?

Die Presse steckt weltweit in einer Krise ...

Sehen Sie? Sie gehören der Vergangenheit an.

Tale erklärt mir, dass er eine revolutionäre Art des Managements erfunden hat, um Content herzustellen.

Ich habe meine Journalisten nach Klicks und Zugriffszahlen bezahlt. Warum sollte ich zahlen, wenn sie mir keine Werbeeinahmen brachten?

Viele meiner Kollegen sind vom Journalismus weg-gegangen und haben YouTube-Kanäle oder Webseiten gegründet.

Einer hat sich auf Videos von Panzern und Katzen spezialisiert ...

Er hat sehr viele Abonnenten und verdient 5.000 Euro im Monat.

Stell dir vor, was Arsov für Zugriffszahlen hat mit nur drei oder vier Redakteuren, die pro Klick bezahlt werden! Beim Nouvel Observateur sind wir ca. 100 Journalisten.

Bei Le Monde sind es um die 500.

Wir werden uns beruflich verändern müssen.

Gut recherchierte Nachrichten zu produzieren ist sehr teuer.

Für die Reportage über Veles habe ich zehn Interviews geführt, ohne die Vorgespräche von zu Hause aus mitzurechnen.

Der Artikel wird von den Chefredakteur*innen lektoriert. Dann wird er im Redaktionssekretariat erneut gelesen und es wird geprüft, ob Fehler drin sind.

Die Bildredaktion wird Fotos vorschlagen und die Grafikabteilung das Layout gestalten.

Der Artikel wird in der Zeitschrift über vier Seiten ergeben und die Inhalte werden für die Webseite angepasst.

Eine kostenlose Fake News über Chelsea Clinton dagegen ist schnell geschrieben und auf Facebook gepostet! Das bringt natürlich mehr ein.

Die Presse steckt in einer schweren Wirtschaftskrise.

Werbung findet auf Facebook und Google statt.

Sie sind so mächtig geworden, dass wir von ihnen abhängig sind und den Traffic erhöhen. Es ist ein Teufelskreis.

In den USA haben die Zeitungen zwischen 2008 und 2019 die Hälfte ihrer Journalist*innen gefeuert. Es waren 71.000, jetzt sind es nur noch 35.000.

Natürlich gibt es auch glänzende Erfolge. Die New York Times hat zum Beispiel so viele Abonnent*innen wie nie zuvor.

Und sie hat massiv in die Redaktion investiert: Dort arbeiten 1.700 Journalist*innen. Das beweist, dass guter Journalismus gefragt ist!

Und sei es nur, um all die Fake News zu entschlüsseln.
Bei Le Monde beschäftigt sich eine ganze Abteilung damit:
die Code-Knacker, sogenannte »Décodeurs«! In Vollzeit!

Während die mazedonischen Texter*innen ausgebremst wurden,
haben die russischen Trolle weiter hart gearbeitet.

Camille François
ist Forscherin bei Graphika,
einem Unternehmen, das auf das
Phänomen der Desinformation
spezialisiert ist.

Sie wurde 2016 während der
Untersuchung zur russischen
Propaganda in Trumps Wahl-
kampf vom Senat angehört.

Die russischen Trolle
hatten einen Vor-
sprung! Sie hatten zum
Beispiel schon in der
Ukraine gute
Arbeit geleistet.

Gefakte Accounts
bei Twitter,
Facebook ...

Sie sind geschickt
darin, die Verhaltens-
weisen der Bevölke-
rung nachzuahmen.

Sie waren auch in Frankreich aktiv.

Hast du mein
Matrosenshirt gesehen?

Sie nutzten französische Facebook-
oder Instagram-Accounts mit
Inhalten wie z. B. Fußball
oder zur Kopftuchdebatte.

wie hier:
@une_camerounaise_fiere*
oder
@les_femmes_musulanes**

* eine stolze Kamerunerin
** die muslimischen Frauen

Sie haben sich unter dem Hashtag #macrondegage (hauabmacron) zusammengefunden.

Beeindruckend ist, dass diese russischen Trolle das Verhalten eines Rechtsnationalen oder eines Pro-Kopf-tuch-Aktivisten in den sozialen Medien perfekt nachahmten.

Wie der Account @la voix-étranger, der Zitate von Albert Camus veröffentlichte.

Das Ziel war, für religiöse, rassistische oder andere sehr zielgerichtete Gruppierungen eine Community aufzubauen ...

... um Einfluss zu gewinnen und im Anschluss Nachrichten zu posten, um die Gruppe zu spalten und Chaos zu stiften.

Das ist 2016 während der Wahl in den USA passiert. Die Trolle haben verstärkt die afroamerikanische Community ins Visier genommen, um sie dazu zu bringen, nicht zu wählen.

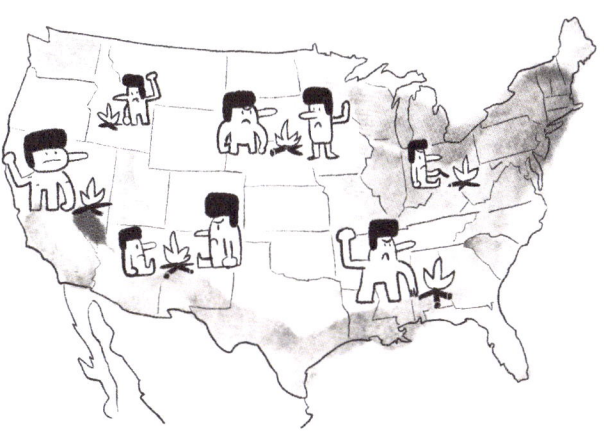

Mithilfe der Black Lives Matter-Bewegung (die die Polizeigewalt gegen Afroamerikaner*innen anprangert).

Die russischen Trolle haben sogar eine falsche Webseite samt Facebook-Account gelauncht, »Black matters US«, die vorgab, ein Ableger von Black Lives Matter zu sein.

Dort posteten sie ihre Gerüchte.

Einst hatte das KGB dieselbe Strategie für Martin Luther King genutzt.

Ihr Ziel: Die Spaltung der amerikanischen Gesellschaft, um den Feind zu schwächen.

Man findet sie auch bei den Brexiteers ...

... und bei den Impfgegner*innen, wie eine Studie des American Journal of Public Health zeigt, für die **1,7 Millionen Tweets** untersucht wurden.

Zur Verstärkung der Trolle waren Bots programmiert worden, und so nahm die Propaganda gegen das Impfen ihren Lauf.

Sie werden angelogen!!!

Bill Gates kontrolliert die WHO.

Haha! Vladimir Bordelov liebt Übertreibungen!

Das Ziel: Zwietracht säen.

TRUMP

Der Papst der Fake News

Niemand respektiert Frauen mehr als ich. Niemand.

Donald Trump wurde im November 2016 zum Präsidenten der Vereinigten Staaten gewählt.

Seine Amtszeit wird als diejenige in Erinnerung bleiben, in der das Konzept der »alternativen Wahrheit« bei der Antrittszeremonie eingeführt wurde.

Sean Spicer, sein Pressesprecher

Es sind 1 oder 1,5 Millionen Zuschauer gekommen.

Noch nie hat die Zeremonie so viele Menschen angezogen.

THE WHITE HOUSE
WASHINGTON

Das stimmte nicht, wie die Medien berichteten.

Warum log Sean Spicer in Bezug auf die Amtseinführung?

Werden Sie nicht dramatisch, Chuck, Sean Spicer hat nicht gelogen, er gab alternative Fakten an.

WASHINGTON, DC

THE WHITE HOUSE

Chuck Todd (NBC News)

Kellyanne Conway Beraterin von Präsident Trump

George Orwell sagte:

Wenn die Fakten das Gegenteil behaupten, muss man sie ändern. So wird die Geschichte immer wieder umgeschrieben.

Und so ersetzt man
DIE REALITÄT
durch Wörter,
die nichts mehr
bedeuten.

In seinem Roman
»1984«
löschen die Funktionäre des Ministeriums für Wahrheit ständig Archive und Fotos, um die Geschichte so umzuschreiben, dass sie den aktuellen Interessen entsprechen.

Wir sollen diese Bücher umschreiben und behaupten, dass Deutschland den Zweiten Weltkrieg gewonnen hat!

Bis um zwölf.

Trump wird auch als der Präsident erinnert werden, der diesen Ausdruck populär gemacht hat:

Während seiner Amtszeit hat er ihn mehr als **952 Mal** benutzt!

Für Trump zählten die Fakten wenig.
Wenn Journalist*innen es wagten, ihm zu widersprechen, beschuldigte er sie, Fake News zu verbreiten.

Donald J. Trump
@realDonaldTrump

The coverage about me in the @nytimes and the @washingtonpost has been so false and angry that the times actually apologized to its.....

♡ 70.2K 2:08 PM - Jan 28, 2017

Die Presse, die nicht spurt, ist sein Feind.

Ich brauche sie nicht, ich habe über 100 Millionen Follower!

Covid wird in den USA 250.000 Menschen töten.

prognostizierte Zahl, die im November 2020 erreicht wurde

Anthony Fauci

Fake News! Der Typ ist eine Katastrophe! Die Leute haben die Nase voll von all diesen Idioten!

Paradoxerweise ist »Fake News« zu einem Kampfbegriff der Verschwörungstheoretiker*innen geworden. Niemand hat noch Vertrauen in irgendwas, egal ob Wissenschaft, Politik ... Alles, was einem nicht passt, wird zu Fake News.

Trump ist auch der **Held**
einer Verschwörungstheorie:

die in den Untiefen von
Internetforen behaupten, dass
Trump ein Abgesandter sei, mit
dem Auftrag, **den Planeten** vor
den bösen Aktionen des
»Tiefen Staates« (**deep state**)
zu retten.

Im Forum **4chan** werden keine
Identitäten angezeigt, die Nutzer*innen
nennen sich »**anon**«, wie **anon**ymous.

Ein gewisser Q, der sich selbst als
hochrangigen Beamten bezeichnet,
filtert dort die Nachrichten ...

ANON   ANON   ANON

Q hat wieder
geschrie-
ben!

Sein Feindbild:
Eine Intrige, angeführt von Demokrat*innen, die einen Kinderhandel betreiben,
in den sogar Prominente wie Tom Hanks oder Oprah Winfrey verwickelt sein sollen!

Die Obsessionen der QAnon sind auf die Verschwörungstheorie Pizzagate zurückzuführen, die 2016 im Wahlkampf von Hillary Clinton gegen Donald Trump entstanden ist.

Dabei wurden E-Mails von Demokrat*innen veröffentlicht, unter anderem ein völlig banaler Austausch mit dem Chef einer Pizzeria.

Aber einige haben darin verschlüsselte Nachrichten gesehen ...

»Ich nehme eine Quattro Staggioni ...«

Cheese Pizza? Das heißt Child Pornography!

Die Theorie erhitzt die Gemüter dermaßen, dass ein Mann in die besagte Pizzeria gestürmt ist und das Feuer eröffnet hat, zum Glück ohne Opfer zu hinterlassen.

Er wollte die »eingesperrten Kinder-Sexsklaven« befreien.

Q schickt seine Nachrichten als »drops«,
Teile eines zu entschlüsselnden Codes.

Ich heiße Q und ich werde euch unausge-
sprochene Geheimnisse enthüllen.

Die erste Nachricht von Q
ist während Trumps Wahlkampf
erschienen unmittelbar
nach Pizzagate.

»Hillary Clinton wird
am Montag, 30. Oktober
2017, zwischen 7.45 Uhr
und 8.30 Uhr fest-
genommen.«

Natürlich ist Hillary Clinton
nie verhaftet worden.

Da sich Q als hochgestellter
Beamter ausgibt, soll er Zugang
zu Staatsgeheimnissen haben.
Aber natürlich lässt sich seine
Identität nicht überprüfen,
denn er ist anonym ...

Während der
Pandemie ist QAnon zu
einem Massenphänomen
geworden und gelangte
auch nach Europa.

Im Herbst 2020 bin ich in die USA gefahren, um den Wahlkampf zu verfolgen, und ich musste feststellen, wie verbreitet diese Theorien waren.

Nehmen Sie Ihre Maske ab, das ist ganz schlecht für Ihre Gesundheit.

Ähm, nein, ich lasse sie lieber auf.

Reba, Republikanerin und Trump-Anhängerin in Palm Beach

In demokratischen Städten gibt es viel Kinderhandel. In Palm Beach hatten wir ja Jeffrey Epstein, den Milliardär.

Unterhalb der Villen hier gibt es Tunnel, in denen er stattfindet.

Die Reichen entnehmen den Kindern Adrenochrom, ein Stressmolekül, das sie benötigen, um gesund zu bleiben.

Ja, ich glaube, dass es viele Pädophilenringe bei den Demokraten gibt. Der Sohn von Joe Biden ist auch pädophil! Wollen Sie Videos sehen?

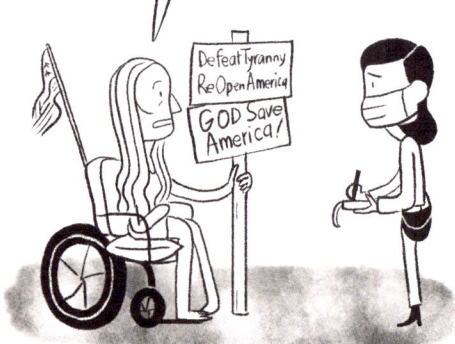

Auf einer Versammlung in Georgia, wo Marjorie Taylor Greene spricht, eine QAnon-Anhängerin, die in den Kongress gewählt wurde:

* Stoppt den Diebstahl!

Seit der Pizzagate-Affäre werden Demokrat*innen oft als Kinderschänder*innen beschimpft.

Laut mehreren Umfragen glaubte die Hälfte der republikanischen Wähler*innen, dass die Theorien von QAnon ganz oder in Teilen wahr seien.

Früher war das Präsidentenwort Unantastbar:
Es war ein seltenes, geachtetes Wort.

Trump hat mit diesem Code gebrochen,
indem er zwanghaft twitterte.

Er vermehrte seine Beschimpfungen
und war im direkten Kontakt mit
seinen Fans.

Ich bin ihm auf seiner Kampagnenseite
gefolgt und bekam täglich zehn
Mails und SMS.

> Doan, ich brauche Patrioten
> wie SIE! Joe, die Schlafmütze,
> und Kamala, die Verrückte, wollen
> versuchen, die Wahl zu STEHLEN!
> Wir müssen sie aufhalten!

> Trump ist der erste Präsident,
> der sich für uns interessiert!
> Es ist ihm egal, was das Esta-
> blishment denkt, er greift
> es an. Das fühlt sich gut
> an.

Dabei war Trump ein perfekter Vertreter des Establishments:
Er ist Erbe, Politiker und Milliardär.

Ich war auf einer Versammlung in Miami, die auf der Rollbahn eines Flughafens stattfand. Trump sollte um Mitternacht sprechen. Die Leute waren verrückt vor Begeisterung.

97

Genau wie er es während seiner ganzen Amtszeit gemacht hat, hat Trump vor allem über seine Feinde gesprochen, um die Massen anzufeuern.

Ich habe das Land wiederaufgerichtet, das wegen Barack Obama in einem erbärmlichen Zustand war.

Ab ins Gefängnis!

Hey, Barack, wo ist deine Geburtsurkunde?

Seit zehn Jahren ist Barack Obama das Hassobjekt der **Birther.**

Sie behaupten, er sei kein US-Amerikaner.

Er ist auf Hawaii geboren, aber die Familie seiner Mutter stammt aus Kenia. Darauf bauten die Hirngespinste auf.

2011 brachte Trump die Rede auf die Birther.

Whoopi Goldberg

Auf Hawaii kann sich niemand an ihn erinnern.

Falsch!

THE VIEW

abc

Er wollte beweisen, dass Obama keinen Anspruch auf die Nominierung hatte.

Obama veröffentlichte sogar seine Geburtsurkunde, aber es nützte nichts.

Die ist falsch, ganz klar!

Ein weiteres Opfer war Ilhan Omar, eine Abgeordnete somalischer Abstammung aus Minnesota, über die Trump während ihrer Amtszeit zahlreiche Fake News verbreitete.

Er twitterte ein Video von ihr beim Tanzen und behauptete, es wäre am 11. September aufgenommen worden, dem Jahrestag des Anschlags auf das World Trade Center.

tweet tweet

Diese Ilhan Omar liebt ihr Land nicht.

Einsperren!

Deportieren!

Aber die Hauptfeinde waren unsere berüchtigten Fake News.
Lamestream media, so nannte Trump uns. Ein Wortspiel
auf »mainstream media« und »lame«, lahm.

Es ist ein gefährliches Zeichen für die Demokratie, wenn Staatsoberhäupter
die Medien attackieren, die nicht mit ihnen einverstanden sind.

Reporter ohne Grenzen 2019:

»Die Feindseligkeit gegenüber Journalisten
bis hin zum Hass, der in vielen Ländern von
politischen Führungskräften ausgeht, hat
schließlich zu häufigeren und schlimmeren
Übergriffen geführt.«

Wie in den USA, wo ein Mann 2018 in Maryland
die Redaktion von Capital Gazette überfiel
und dabei fünf Menschen tötete.

Als die Pandemie Anfang 2020 ausbrach, hat Trump von Anfang an die Aussagen der Ärzt*innen angezweifelt und Demonstrationen gegen einen Lockdown unterstützt.

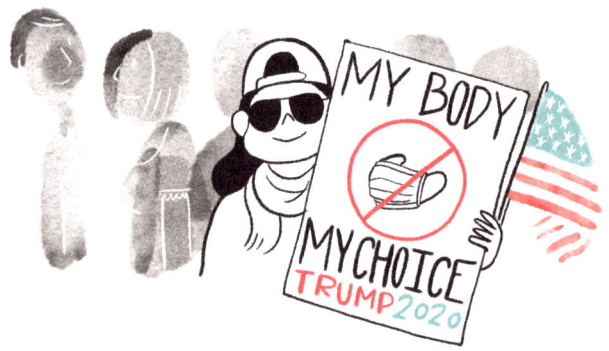

Die Menschen wollten glauben, dass COVID-19 nicht mehr als eine kleine Grippe war.

Ihr seid lächerlich mit euren Masken! Ich glaube nicht an Corona!

Sie fälschen die Zahlen. Die Menschen sterben an anderen Dingen.

Wenn die Demokraten vorbeikommen, werden sie alles schließen und ich verliere meinen Job.

Trump wurde von den Fakten eingeholt. Gewählte Republikaner*innen starben nach einer Versammlung, auf der sie keine Masken getragen hatten, an Covid.

Mehrere Mitglieder des Weißen Hauses, die sich über Journalist*innen lustig gemacht hatten, weil sie sich mit Masken schützen wollten, wurden positiv getestet.

Trump bekam selbst Covid. Aber was soll's.

Seht ihr, unser Präsident hatte Corona. In zwei Tagen war das durch. Er strotzt vor Energie. Das Virus wird von den Medien aufgebauscht.

Im November 2020 wurde Joe Biden gewählt, aber Trump hat seine Niederlage nicht anerkannt und ohne Beweise behauptet, dass es Wahlbetrug war. Das hat es in der Geschichte der USA noch nie gegeben.

Nach der Wahl wurde Twitter gezwungen, viele seiner Tweets mit Warnhinweisen zu versehen.

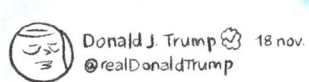 Donald J. Trump ✔ 18 nov.
@realDonaldTrump

...AND I WON THE ELECTION. VOTER FRAUD ALL OVER THE COUNTRY!

2.31 PM · 18 nov. 2020 · Twitter for iPhone

(!) Multiple sources called this election differently.

Wie viele seiner Follower*innen habe ich weiterhin viele Nachrichten bekommen.

Doan, ich brauche Sie und alle Patrioten!
Ich habe gewonnen, aber die Demokraten wollen uns die Wahl stehlen.
STOP THE STEAL!!!

Die von Twitter durchgeführten Maßnahmen haben die Anhänger*innen von Trump nur in ihren Überzeugungen bestärkt.

> Wir wissen schon lange, dass Twitter und Facebook für die Demokraten aktiv sind! Das sieht man daran, dass sie unseren Präsidenten zensieren!

> Die Medien entscheiden nicht, wer Präsident der Vereinigten Staaten ist!

Die Trumpist*innen sind zu anderen Medien abgewandert, wie zum Pro-Trump-TV-Sender One America News Network oder zu anderen sozialen Plattformen wie Parler und Telegram.

Viele der gewählten Republikaner*innen haben sich nicht getraut, sich gegen Trump zu wenden, weil sie auf seine Anhänger*innen angewiesen waren ...

Auch sie sagten, dass die Wahl von den Demokraten gestohlen war.

> Biden ist nicht der Präsident! Stoppt den Betrug! Trump liegt immer noch vorne!

ELECTION 2020
OAN SEN. LANKFORD: ELECTION IS NOT OVER, BIDEN IS NOT PRESIDENT-ELECT

> Mein Gott, was sollen wir tun, damit Ihr dem Volk die Wahrheit gebt?

Rudy Giuliani

Eine gefährliche Situation: Wie soll man ein Land regieren, wenn die Hälfte der Bevölkerung glaubt, dass die Wahl gestohlen wurde?

Trump hat die Wahrheit bis zum Ende seines Mandats geleugnet.

Am 6. Januar 2021, bei einer letzten Versammlung in Washington, hat er seine Anhänger*innen dazu gebracht, das Kapitol zu stürmen, das Gebäude, in dem die amerikanischen Abgeordneten und Senator*innen tagen.

Fünf Menschen sterben bei den Unruhen, unter anderem ein Polizist.

Die Flagge der Konföderierten
Staaten von Amerika

Joe Biden wurde als Präsident eingesetzt, aber der Trumpismus ist gekommen, um zu bleiben. Auch anderswo bedienen sich führende Politiker*innen seiner Mischung aus Propaganda und Populismus.

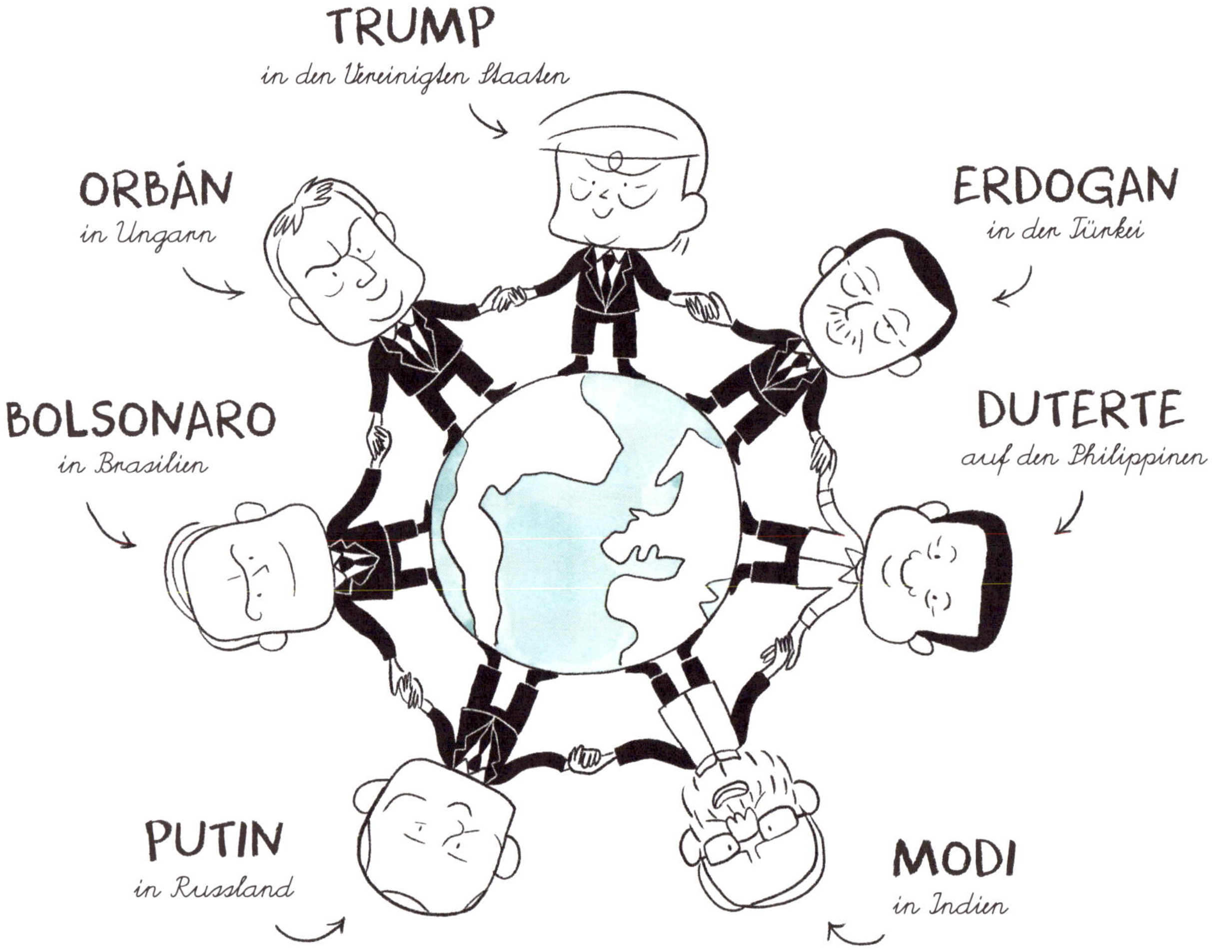

TRUMP
in den Vereinigten Staaten

ORBÁN
in Ungarn

ERDOGAN
in der Türkei

BOLSONARO
in Brasilien

DUTERTE
auf den Philippinen

PUTIN
in Russland

MODI
in Indien

Für sie sind Fake News die Gegner. Und die Presse muss gehorchen.

Ich werde niemals gehen, hört ihr? NIEMALS!

DIE KLIMA-
SKEPTIKER*INNEN

2010 hat der ehemalige Minister für Bildung, Claude Allègre, das Buch »L'Imposture climatique« (Der Klimaschwindel) veröffentlicht.

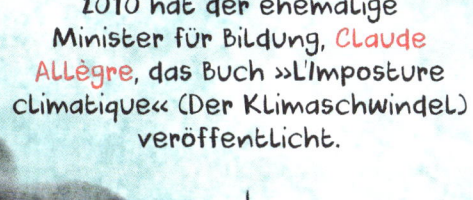

2019 veröffentlichte das IPCC die Ergebnisse der Arbeit von 100 Wissenschaftler*innen, die 6.891 Untersuchungen analysiert haben. Die Konsequenzen einer Klimaerwärmung von 1,5 auf 2 Grad zwischen 2030 und 2050 sind alarmierend:

– Quasi vollständige Zerstörung der Korallenriffe.
– Zunahme von Hitzewellen im Sommer sowie von Taifunen und Wirbelstürmen.
Kurz: Anstieg von extremen Wetterereignissen.

Man kann das Klima nicht voraussagen, ebenso wenig wie das Wetter!

Ökologen sind eine Sekte und Wissenschaftler sind korrupt!

Andere Forschende haben eine Gegenpetition gestartet. Kleines Detail: Es sind sehr wenige Klimaspezialist*innen dabei, dafür aber Mathematiker*innen und Geograf*innen, von denen einige Verbindungen zu umweltschädigenden Industrieunternehmen wie Shell oder Total haben.

2019 haben die
fürchterlichen Brände in Australien
zehn Millionen Hektar Land
zerstört, das entspricht der Fläche von Irland.

Und 2020 wurde Kalifornien von Bränden
heimgesucht, die ein nie gesehenes Ausmaß hatten.

Klimaveränderung ist
schon längst Realität.

Es ist einfacher, ausländische Schuldige zu benennen, als einer verstörenden Wahrheit ins Gesicht zu schauen. So machte es Trump.

Ricardo Galvão, ein anerkannter brasilianischer Forscher, befasste sich mit den Folgen der Entwaldung im Amazonasgebiet.

739 km² Waldfläche wurden im Mai 2019 zerstört, eine **Zunahme von 34 %** im Vergleich zum Mai 2018 oder **zwei Fußballfelder**, die **jede Minute** plattgemacht werden, dann **920 km² im Juni (+88 %)** und noch mal **1.864 km² im Juli (+212 %)**.

Galvão wurde von Jair Bolsonaro, dem brasilianischen Präsidenten, gekündigt.

Die 2018 von Greta Thunberg, einer 15-jährigen schwedischen Aktivistin, ins Leben gerufenen Klimastreiks entwickeln sich auf der ganzen Welt.

Vortrag vor der UNO,
September 2019

Dieses Kind hat psychische Probleme.

Greta Thunberg wurde schnell zum Feind Nummer 1 aller Klimaskeptiker*innen, die etwas auf sich halten.

Sie sieht aus wie auf einem Propagandaplakat der Nazis!

Ich finde es erbärmlich, dass Erwachsene sich heute vor einem Kind verneigen.

Dinesh D'Souza
Ultrarechter amerikanischer Leitartikler

Alain Finkielkraut

france inter

Die konservative Zeitung Valeurs actuelles hat sie aufs Titelblatt genommen.

Dieses Kind, egal unter welcher Krankheit es leidet, ist natürlich form-bar und be-einflussbar.

france inter

VALEURS

scheinheilig, apokalyptisch, hysterisch

DER SCHWINDEL VON Greta

Untersuchung des Phänomens, das die Welt lähmt und sich der Vernunft widersetzt

In Varna, Bulgarien, habe ich VLadimir Rusev getroffen, den Anführer einer paramilitärischen Bürgerwehr.

Diese Greta Thunberg! Sie ist eine Marionette, die von George Soros gelenkt wird!

George Soros und Angela Merkel sind gerade dabei, Europa zu töten, indem sie Migranten importieren.

Sie ersetzen die weiße Bevölkerung durch Immigranten. Ihr Franzosen seid ja schon eine islamische Republik!

George Soros, ein fortschrittlicher jüdischer Milliardär aus Ungarn, ist eine Zielscheibe für viele Verschwörungstheoretiker*innen.

In Viktor Orbáns Ungarn gibt es überall Kampagnen gegen ihn.

* Über den Soros-Plan. Lasst ihm das nicht ohne ein Wort durchgehen!

Viele Falschmeldungen behaupten, dass Greta Thunberg seine versteckte Enkeltochter sei. Das ist schon ziemlich komisch.

Kurzum, Greta Thunberg regt die Fantasie der Verschwörungstheoretiker*innen an, die jede Menge Fake News über sie verbreiten ...

DER KREUZZUG DER IMPFGEGNER*INNEN

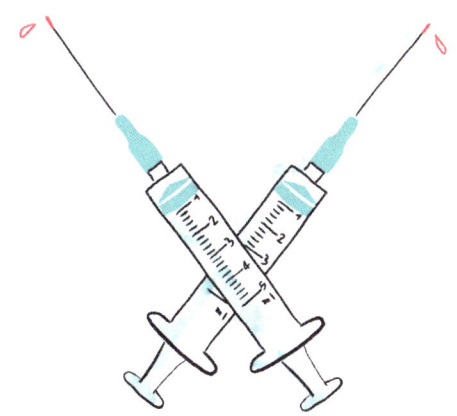

Wenn man Kinder hat, hat man um ihretwillen vor allem Möglichen Angst.

Am meisten Angst haben Eltern davor, dass ihre Kinder krank werden.

Vor 20 Jahren: Heute:

Beim kleinsten Anzeichen schaut man bei NetDoktor nach ...

Impfungen haben mit Fahrradhelmen etwas gemeinsam: Sie sollen schützen.
Aber durch ständiges Googeln werden die Eltern hysterisch.

Zusätzlich sorgen Gesetzesänderungen für Verwirrung.
Seit 2018 gibt es in Frankreich elf Pflichtimpfungen für Kleinkinder.*

* In Deutschland gibt es aktuell nur eine gesetzliche Impfpflicht nach dem Masernschutzgesetz.

Also ich finde das merkwürdig, dass es nicht mehr drei, sondern elf Impfungen sein sollen ...

Sie haben auch gesagt, das Medikament Médiator sei harmlos! Und guck dir an, wie viele daran gestorben sind.

Der Hersteller hatte die Ärzte bestochen.

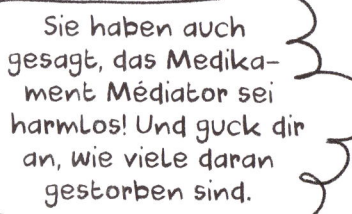

Man muss Nutzen und Risiko abwägen. Ich hatte die Röteln, aber ich bin nicht daran gestorben.

Warum sollte ich dem Kinderarzt vertrauen, wenn er ein Impfbefürworter ist?

Man weiß nicht, was in den Impfstoffen drin ist ...

Das ist wie mit der Milch. Jahrelang hat man den Babys Bisphenol A gegeben, und das sind Umwelthormone!

Die Debatte über die Gesundheit ist symptomatisch: Wir haben kein Vertrauen in nichts, nicht mal in Institutionen.

Ständig wird das Wort der Ärzte auf den Prüfstand gestellt.

Sie wollen mich wohl vergiften mit Ihrem Paracetamol!

Nehmen Sie wenigstens Honig und Zitrone!

Niemals!

Frankreich ist eins der Länder mit dem größten Misstrauen gegenüber Impfungen.

Laut einer Studie des Gallup-Instituts in 144 Ländern ist Frankreich das Land, das

Impfungen am skeptischsten gegenübersteht.

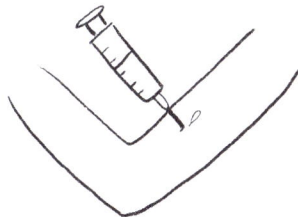

... und jede*r Zehnte hält die Impfung ihrer/seiner Kinder für unwichtig.

Jede*r Dritte dort glaubt nicht an Impfungen ...

... und das im Land von Pasteur, na toll!

Es hat sich wirklich gelohnt, Straßen und Schulen nach mir zu benennen!

Erstaunlicherweise ist die Impfquote in Ländern wie Schweden, in denen es keine Impfpflicht gibt, höher als in Frankreich.

In der Geschichte gab es schon immer eine Skepsis gegenüber Impfungen.

Schon Anfang des 20. Jahrhunderts, als es die ersten Pflichtimpfungen gab, machten die Zeitungen dagegen Stimmung.

In England gehen Fotos von toten Babys um, mit der Bildunterschrift: »Heute geimpft, heute gestorben«.

Mehrere Zeitungen beschuldigen Louis Pasteur des Profitstrebens.

Pest-virus

MAKE IT RAIN!

Laurent-Henri Vignaud, Wissenschaftshistoriker und Autor des Buches »Antivax«, erklärt das sehr gut in einem Interview:

Aus guten und aus schlechten Gründen hat der Versuch des Staates, eine Impfpflicht durchzusetzen, jedes Mal Proteste hervorgerufen.

Tatsächlich ist eine Impfung das einzige Medikament mit Zwang zur Einnahme, das ist sehr speziell.

Die Impfpolitik ist eine staatliche Politik und eine Herden-politik. Impfungen sind nur auf einer Gruppenebene relevant, sonst ergeben sie keinen Sinn.

Irgendetwas daran ver-letzt die sensible Seele des modernen Bürgers.

Keinen Respekt mehr!

Mäh Mäh Mäh

Interview mit Retronews

Indem er mögliche Unfälle verschwiegen hat, hat der Staat mehr Misstrauen geschaffen und damit den Nährboden für Skeptiker*innen geebnet ...

Und Impfungen sind, wie andere Themen auch, zu leidenschaftlichen Streitthemen geworden.

Dabei liegen die Fakten auf dem Tisch:
Das Misstrauen gegenüber Impfungen hat schwerwiegende Konsequenzen.

Im April 2019 warnte die WHO vor einem weltweiten Aufflammen der Masern, es gab einen Sprung von 300 % in den ersten drei Monaten.

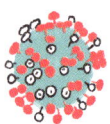

In den reichen Ländern liegt das eindeutig am Vorbehalt gegen die Impfung. 2019 sind

140.000 Menschen an Masern gestorben, mehr als 2018.

In Frankreich hat die Forscherin Lucie Guimier festgestellt, dass die Ausbrüche hauptsächlich in der Nähe von Schulen mit speziellen Ausrichtungen stattfanden.

Tatsächlich sind viele Impfgegner*innen religiös:
Es ist der ewige Kampf zwischen Gott und der Wissenschaft.

Impfgegner*innen verbreiten ihre Botschaften mit mehr
Leidenschaft und Inbrunst als die Epidemiolog*innen ...

In Gardasil* ist Rattengift. Tausende von jungen Mädchen bekommen es gespritzt und es hat schon Tausende umgebracht.

* Impfung gegen HPV-Viren

Ich habe einen Jungen von drei Jahren gesehen, ein mathematisches Genie ... aber nach einer Impfauffrischung war es vorbei!

Im Internet sind es die Stimmen der Impfgegner*innen, die am meisten auffallen. Sie sind so penetrant, dass sie nicht davor zurückschrecken, Mobbing-kampagnen zu starten, wie die Truther in Sandy Hook.

Eltern, deren Kinder an der Grippe gestorben sind und die die Grippeimpfung jetzt verteidigen

Dein Kind hat nie existiert!

Du hast dein Kind umgebracht!

Du bist eine schlechte Mutter!

Lügnerin!

Ärzt*innen erhalten sogar Morddrohungen.

Die Impfung verhindert 2 bis 3 Millionen Todes-fälle pro Jahr.

Vor der Polioimpfung, die 1962 in Frankreich zur Pflicht wurde, war die Krankheit die häufigste Ursache für Behinderung bei Kindern.

Frida Kahlo zum Beispiel hat ihr Leben lang darunter gelitten, bis ihr schließlich das rechte Bein amputiert wurde. Durch die Impfung wurde die Krankheit quasi ausgerottet.

Laut WHO ist die Impfunlust eine der zehn Bedrohungen für die Gesundheit auf der Welt.

An Masern stirbt man nicht!

Hier doch, ein bisschen!

Der Vorbehalt gegen die oder die Verweigerung der Impfung trotz der Verfügbarkeit von Impfstoffen droht den Fortschritt bei der Bekämpfung gegen vermeidbare Krankheiten umzukehren.

Also: Lassen Sie sich impfen!

FAKE NEWS SO ALT WIE DIE WELT

Geschichten zu erzählen, an die man glaubt, ist der Kern der Menschlichkeit.

Außerdem sind wir quasi darauf programmiert, zu tratschen und zu quatschen.

Das ist die These von Yuval Harari in seinem Bestseller »Sapiens«.

Er hat zugenommen.

Er hat angesetzt.

Hey, müsst ihr zwei immer lästern?

Es ist eine Besonderheit des Sapiens, er ist der Einzige, der Sprache nicht nur benutzt, um die Realität zu beschreiben, sondern auch, um eine komplett neue zu erschaffen.

Allein weil der Mensch gerne plaudert und tratscht, und vor allem wegen seiner Fähigkeit Fiktion zu erschaffen, ist der Homo sapiens laut Harari in der Lage, eine Gesellschaft gründen.

Der Mensch ist dafür gemacht, Geschichten zu erzählen. In der Vorgeschichte gab es bereits einen Weg, Fake News zu verbreiten: die Malerei.

Am anderen Ufer gibt es ein magisches Mammut, das mit den Menschen sprechen kann.

In der Höhle von Lascaux gibt es nur eine einzige Zeichnung, die einen Menschen und kein Tier darstellt: den rätselhaften Vogelmenschen.

Eine Geschichte, ein Gründungsmythos, sind eine Möglichkeit, den Zusammenhalt in einer Gruppe zu fördern.

Mäh! Mäh! Mäh!

So, wir schließen.

Pech für die Nachzügler.

Interessant: Genau wie die Fake News, die immer einen wahren Kern enthalten, mussten sich auch Mythen sicherlich auf reale Dinge stützen.

Daher tauchen manche Mythen in unterschiedlichen Versionen auch in anderen Kulturen auf, so wie die Geschichte der großen Sintflut.

Hast du ge- sehen, was runter- gekommen ist? Mitten in der Nacht mussten die Schafe rein.

Der Flusspegel ist sehr hoch!

Eine Sintflut!

Für uns ist der Anstieg des Wasserspiegels kein Mythos!

Einst glaubte man fest an das, was in den Heiligen Schriften, in der Bibel und in den Evangelien, stand ...

> Gott erschuf uns nach seinem Bild.

> Mehr oder weniger ...

Es ist nicht immer einfach, das zu hinterfragen, woran man sein Leben lang geglaubt hat.

> Ja, die Dinosaurier hat es gegeben, aber sie waren zu groß für die Arche Noah ... Deshalb ...

> Und die Einhörner?

Aber die wissenschaftlichen Entdeckungen im Laufe der Jahrhunderte haben die Geistlichen dazu gezwungen, ihr Weltbild zu überdenken.

> Über die Anfänge ist man noch unsicher.

> LÜGNER!

Die amerikanischen Kreationist*innen behaupten, dass die Menschen zeitgleich mit den Dinosauriern auf der Erde waren, dabei liegen über 65 Millionen Jahre zwischen der Auslöschung der Dinos und dem Beginn der Menschheit.

> Mir wurde gekündigt, weil ich Darwin erwähnte und die Eltern sich beim Direktor beschwert haben.

Biologie-Lehrer

auf Recherche in Mississippi

Mythen erfinden und an sie glauben, das ist alles auch eine Frage der Macht.

In Frankreich hatten wir unseren Anteil an Fake News.

Johanna von
Orléans in Rouen

Wenn du einen Machthaber oder eine Machthaberin diskreditieren willst,
setzt du ein Gerücht in die Welt. Eine uralte Methode.

Marie-Antoinette wurde dermaßen gehasst, dass es jede Menge Schmähschriften, kleine Satiren und verleumderische Bücher über sie gab. Ein richtiges Business.

Man beschimpfte sie als »babylonische Prostituierte«. Angeblich beutete sie zahlreiche Männer und Frauen sexuell aus, um ihre Lüsternheit zu befriedigen.

Léon BLUM, Regierungschef zu Zeiten des Front populaire*, wurde,
weil er Jude war, ebenfalls Opfer der wildesten Fake News. Ein wiederkehrendes
Leitmotiv seiner Gegner*innen war, dass er Geschirr aus Gold besitzen würde.

Charles Maurras von der Zeitung
L'Action Française, schrieb über ihn:

Auch sein Name und Geburtsort
wurden angezweifelt.

»Er ist ein perfekter Umgedrehter.
Wie sein Musik liebender Freund Ludwig II.
aus Bayern hat er während seiner Schul-
zeit sein Geschlecht geändert.«

FRANZOSEN,
DIE VOLKSFRONT BELEIDIGT EUCH

»EIN JUDE IST SO GUT
WIE EIN BRETONE«

So lautet der Satz, begleitet von Beleidigungen, der am 5. April
im Abgeordnetenhaus von MARX DORMOY ausgesprochen wurde,
einem Sozialisten S.F.I.O., Innenminister des JUDEN LEON BLUM,
A M. Paul Ihuel, Abgeordneter vom Morbihan.
Patrioten aus allen noblen Provinzen Frankreichs, lasst ihr
euch ebenso beleidigen von den Handlangern der Juden, die
eure Ersparnisse rauben? Nicht genug damit, dass sie bereit
sind zur Revolution und zum Weltkrieg, sie beleidigen euch
auch noch!

FRANKREICH DEN FRANZOSEN!

Während des letzten Krieges:
1.350 Juden getötet: 1 von 35 Eingezogenen   Lest jeden Tag
1.350.000 Franzosen getötet: 1 von 5 Eingezogenen   L'ACTION FRANÇAISE

* Volksfront: Regierung der vereinten Linken Parteien
  in den 1930er-Jahren

Im Februar 1936 wird Léon Blum mitten in Paris fast gelyncht.

Er wird im Gesicht
und im Nacken verletzt.
Man bringt ihn in das
Krankenhaus von Hôtel-Dieu,
wo ein Riss der Schläfen-
vene behandelt wird.

1938 schlägt Léon Blum in der Zeitung
Le Populaire mit einem bewegenden Artikel zurück,
der die Überschrift trägt:
»Ich bin Franzose«.

Unter der Signatur eines Mannes, den ich nicht nennen
möchte, versichert das berüchtigte Blatt [...], dass der Name,
den ich trage, nicht der meine ist, dass ich nicht in Frankreich,
sondern in Bulgarien geboren bin. Diese Legende ist in der
Öffentlichkeit noch nicht so verbreitet wie die meiner
Schweizer Häuser, meiner französischen Schlösser, meines
Pariser Hotels, meines Geschirrs aus Gold und meiner Lakaien
in kurzen Hosen. [...] Ich bin am 9. April 1872 in Paris geboren,
als Franzose, von französischen Eltern. [...] Soweit es möglich
ist, in der Geschichte einer mehr als bescheidenen Familie
zurückzugehen, ist meine Abstammung rein französisch.
Seitdem die französischen Juden einen Personenstand
besitzen, trugen meine Vorfahren väterlicherseits
den Namen, den ich heute trage.

Diese Fakten sind leicht nachzuweisen. [...] All dies wird
durch üble Nachrede oder Hass verbreitet werden, so wie die
Geschichte meiner Schlösser und meiner Lakaien. Ehrliche
und gutgläubige Menschen werden sich wieder sagen:
»Es muss doch etwas Wahres dran sein. Es gibt keinen Rauch
ohne Feuer.« Und die Lüge wird weiterleben [...]

Wenn Sie jemanden in Verruf bringen, bleibt immer etwas hängen ... Alles, was Léon Blum geschrieben hat, ist immer noch verblüffend aktuell.

Zum Beispiel gibt es diejenigen, die daran zweifeln, dass Barack Obama Amerikaner ist.

Genauso wie Léon Blum nicht französisch genug zu sein scheint, weil er Jude ist, soll Barack Obama kein Amerikaner sein, weil er eine Person of Color ist.

iLLUMiNATi

Freimaurer und jüdische Verschwörung

Ehrlich gesagt hatte ich als Jugendliche noch nie von den Illuminati gehört.

> Illuminati, das ist doch eine Marke von Luxus- nudeln, oder?

> Die schmecken vor allem al dente!

Aber wenn ich meine Tochter frage:

> Na klar, in der Schule wissen alle, wer das ist! In der dritten Klasse hat Yanis immer das Zeichen mit dem Dreieck gemacht.

> Illuminati! Illuminati!

Die Illuminati sollen eine satanistische Sekte sein, die die Welt kontrollieren will. Ihr Wiedererkennungszeichen ist das Dreieck.
Diese Dreiecke kann man leicht überall entdecken, was den Glauben all jener stärkt, die an geheime Ver- schwörungen glauben wollen.

> Schon habe ich gute Laune!

> Ich liebe es, die Welt zu kontrollieren.

Präsident Macron wurde auch beschuldigt, ein Illuminat zu sein ... Schuld war ein Bild, das am Abend der Wahl gemacht wurde und ihn mit erhobenen Armen vor dem Louvre zeigt.

Jay-Z soll ebenfalls ein Illuminat sein, wegen des Logos seiner Firma.

Jay-Z, wie er verzweifelt versucht, mit seinen Händen einen Diamanten zu bilden

Das ist knapp, es fehlt eine Seite ...

Was die Lehrenden in eine verzweifelte Lage bringt.

Ich glaube an die Illuminati. Und an den Teufel. Das liegt an meiner Religion.

Ich erinnere mich an einen Schüler, der mir immer Bibelverse auf seinem Smartphone zeigte ...

143

Der Begriff ILLUMINATI kommt vom Namen einer Gesellschaft, die 1776 in Ingolstadt gegründet wurde: die ILLUMINATEN VON BAYERN.

Zehn Jahre nach ihrer Gründung wurden sie verboten. Es ist verrückt, dass man 300 Jahre später immer noch über sie spricht.

Also für einen Geheimbund wissen aber ganz schön viele Menschen darüber Bescheid!

Adam Weishaupt, der Gründer

Es gibt sogar Drittklässler, die alles verstanden haben, also ...

Irgendjemand hat gepetzt!

Angeblich habe ich die revolutionäre Kokarde in meiner freien Zeit entwickelt ...

Bei den ILLUMINATI versammeln sich angeblich all jene, die die Welt kontrollieren wollen, wie die CIA oder die Freimaurer (das Dreieck ist auch Symbol der Freimaurer) ... Es ist eine große Verschwörungsfolklore.

Und Booba* hat Muffensausen bekommen.

Es ist nicht immer leicht, aus dem Jenseits heraus zu agieren, aber man bemüht sich.

* Booba, ein französischer Rapper, wird beschuldigt, ein Anhänger der ILLUMINATI zu sein, da er ein Foto von sich vor einem Burger in Dreiecksform gepostet hat.

Ein Buch, das am Ende der Französischen Revolution geschrieben wurde, ist sehr erfolgreich geworden: »Denkwürdigkeiten zur Geschichte des Jakobinismus«

Die Revolution wurde von der Jakobinersekte angezettelt! Sie zerstörten die Gesellschaftsordnung, die Krone und die Herrschaft Gottes!

Freiheit ist Sünde!

Augustin Barruel, Autor des Buches

Die Französische Revolution wurde durch eine umfassende Veränderung der Gesellschaft ausgelöst, die sowohl technischer als auch sozialer Natur war. Als Augustin Barruel sein Buch schrieb, war ihm nicht klar, dass es als Grundlage für alle verschwörungstheoretischen Fantasien dienen würde.

Jakobiner! Starkes Licht!

Illuminati! Starkes Dreieck!

Freimaurer! Starker Zirkel!

Zusammen beherrschen wir die Welt!

Mit den Juden, den Arabern und den Kommunisten!

Riesiger Orgaaufwand!

Ursprünglich war die Wahnvorstellung der Trias von Freimaurerei, Illuminaten und jüdischem Komplott vor allem in ultrarechten und erzkatholischen Kreisen verankert. Aber seit einigen Jahren hat sie sich wie ein Lauffeuer über die sozialen Netzwerke verbreitet ...

Es gibt noch ein weiteres Buch,
das die Verschwörungstheorien nährt:
»Die Protokolle der Weisen von Zion«,
erschienen zu Beginn des
20. Jahrhunderts.

Es hat sich gezeigt,
dass das Buch mit heißer Nadel
gestrickt wurde.

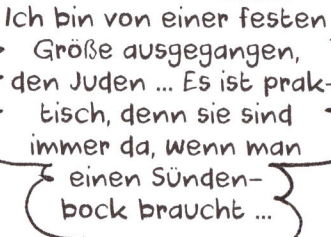

Ich bin von einer festen
Größe ausgegangen,
den Juden ... Es ist prak-
tisch, denn sie sind
immer da, wenn man
einen Sünden-
bock braucht ...

Ich habe einfach ein
Buch kopiert, in dem es
um die Vorherrschaft
von Napoleon III. geht.
Dann habe ich »Napo-
leon« durch »Juden«
ersetzt, das dauerte
fünf Minuten.

Mathieu Golovinski,
mutmaßlicher Autor

Das Buch hatte einen
durchschlagenden Erfolg.

Es wurde zum Kultbuch der Nazis
und aller Antisemit*innen bis heute.

Mein
absolutes
Lieblingsbuch!

Meine Bett-
Lektüre.

Solche Ideen fließen auch in YouTubevideos ein, für die sie mit Zutaten aus der Popkultur, Ausschnitten aus Filmen oder Bildern von Promis angereichert werden.

Angeblich sollen ja auch Disneyfilme auf die Illuminaten oder satanistische Ideen zurückzuführen sein.

Auch der Rap leidet sehr unter solchen Anschuldigungen. Ein gewisser Killuminati ist auf YouTube sehr erfolgreich mit Videos, in denen er französische Rapper attackiert.

> Arielle, die Meerjungfrau ist eine sehr machtvolle Verführerin, und dieser Geist richtet viel Schaden in unserer Generation und in der Kirche an, leider!

> In der Musikindustrie sind Damso und Rohff die Soldaten des Antichristen.

> Die Hundesöhne.

Booba hat beschlossen, es mit Humor zu nehmen.

In den Foren gibt es diesbezüglich viele ziemlich verrückte Posts, zum Beispiel in Bezug auf den Namen von Boobas Designermarke Unkut.

> Wenn du Alt + 666 drückst, hast du das Ü wie bei Ünkut!!!

> Für die zwei Punkte, muss man da nicht die Umschalttaste plus den Buchstaben drücken, auf dem man die Punkte haben will?

> Nein ... tsss... Satan.

Gefällt 18.754 Mal

boobaofficial Wenn ich ein Toblerone-Dreieck esse, bin ich dann ein Illuminat oder was? #wennsiewüssten #92i #BCG

Aber nicht nur Jugendliche werden zur Zielscheibe.
2019 habe ich den Prozess gegen Mehdi Nemmouche verfolgt,
der im Jüdischen Museum in Brüssel vier Menschen erschoss.

Lassen Sie sich nicht von den Richtern einschüchtern und infantilisieren. Sie sind sehr befangen beim Mossad-Argument.

Sein Rechtsanwalt hatte zur Verteidigung eine Verschwörungstheorie mit, ja, dem Mossad (israelischer Geheimdienst) angeführt!

Ich wieder-hole, dass keine DNA-Spuren von Nemmouche an der Tür gefunden wurden!

Und die Waffen, die man in seiner Tasche fand, das Bekennervideo, auf dem man seine Stimme erkennt ...? Alles vom Mossad hergestellt.

Ich bin mir sicher, dass er es geschafft hat, den Zweifel durchsickern zu lassen:
Sein Plädoyer war nicht das eines Verrückten.

Es ist zum Verzweifeln. Ich hätte nie gedacht, dass ich in meinem Leben mal höre, dass sich ein Verteidiger bei Gericht auf die These einer jüdischen Verschwörung beruft.

Macron, der Mossad, die Rapper, Toblerone, die Französische Revo-lution, der 11. September ... Bin ich nicht gut?

Anwältin der Zivilparteien

WARUM WIR FALSCHMELDUNGEN GLAUBEN

Der menschliche Geist ist so gemacht, dass eine Lüge hundertmal mehr Macht über ihn hat als die Wahrheit.

Gezeichnet: Erasmus.

Das wird später mal ein gutes Zitat.

Wir neigen immer dazu, uns für **klüger** als die anderen zu halten.

Kaum zu glauben, dass es Leute gibt, die an Fake News glauben!

Die sind vielleicht naiv! Ha, ha!

Das Los ist auf Sie gefallen! Sie haben ein Samsung S7 gewonnen. Klicken Sie hier, um Ihr Smartphone zu bekommen!!!

Aber da stand doch, dass ich ausgelost wurde! Vielleicht habe ich Glück!

Sag bitte nicht, du hast das angeklickt!

Du bist so blöd, Mama!

Das Problem ist, dass wir alle **Zielscheibe** oder **Sender*in** von Fake News werden können ...

Als Eltern müssen wir die Realität akzeptieren.

Aber wie kommt der Weihnachtsmann denn zu uns, wenn wir keinen Kamin haben?

Keine Sorge, er landet mit seinem Schlitten auf dem Dach und nimmt den Fahrstuhl.

Mama, die Zahnfee ist nicht ge- kommen!

Oh, sie hat sich bei mir krankgemeldet, aber sie kommt morgen vorbei!

Sie kennen ja die Geschichten, die jedes Jahr wiederkehren ...

Das Problem an diesen Fake News ist,
dass das Fact-Checking sehr schmerzhaft sein kann.

Als ich klein war, gab es Kettenbriefe, die man an zehn Leute weiterschicken musste, sonst drohte einem der Tod.

Heutzutage können sich viel mehr Nachrichten im Internet viel schneller verbreiten. Das Risiko hat sich vervielfacht!

SMS, WhatsApp, Snapchat, Instagram ...

Lucie ist schwer an Leukämie erkrankt. Hilf ihr, indem du diese Nachricht an all deine Kontakte weiterleitest.

Wir alle erhalten Tausende
Spam-Meldungen,
zum Beispiel von der sogenannten
»Nigeria-Connection«, die unter dem Namen
four-one-niner agiert, nach der Nummer
des Artikels 419 aus dem nigerianischen
Gesetzbuch, das den Betrug bestraft.
Diese Art von Betrugsfällen im Internet
kommt ursprünglich aus Nigeria.
Die Abzocker*innen sprechen
sehr gut Englisch.

In Frankreich kommen
solche »Scams« eher aus
der Elfenbeinküste.
Das führte zu Problemen,
als alle ivorischen IP-Adressen
blockiert waren.

Toll, jetzt kann
ich nichts mehr im
Internet kaufen!

Ich fing an, diese absurden Mails
zu beantworten, um mit diesen
»Scammern« zu sprechen.

Es war faszinierend, sie in Aktion
zu sehen, wie sie versuchten, mit mir zu
reden und mich zu verführen.

Betreff: Eine aufrichtige
Freundschaft
Liebe Hélène, ja, Freundschaft
ist wichtig. Und es ist besser,
wenn sie aufrichtig ist.

Re: Eine aufrichtige
Freundschaft
Da wir ehrlich sein wollen,
muss ich dir etwas gestehen.
Ich hasse de Gaulle. Und du?
Viele Grüße

ReRe: Eine aufrichtige Freundschaft
Hallo Liebling. Ich danke dir für deine
Offenheit mir gegenüber. Der General
hat mein Vaterland fast vernichtet.
Dieser Mann hat auch meinen Groß-
vater in das Schlachtfeld geschickt,
wo er gestorben ist. Für alles Gold
der Welt könnte ich ihn nicht lieben.
Ich bin glücklich, dass wir diese
Gemeinsamkeit haben.

Hehe

tipp tipp

Die Betrugsopfer, die »Mugus« genannt werden, sind keinesfalls dumme Menschen ...

Ich habe einige Opfer interviewt. Wie diese geschiedene Frau, die sich auf sehr anrührende Weise in einen Scammer verliebte, den sie auf Meetic kennengelernt hatte. Er nutzte ein Scheinprofil und ein Fakebild.

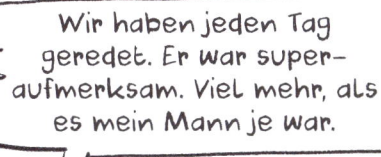

Wir haben jeden Tag geredet. Er war super-aufmerksam. Viel mehr, als es mein Mann je war.

Auch wenn ich weiß, dass es Fake war, kann ich es mir einfach nicht ein-gestehen.

Tja, man glaubt den Betrügenden und den Falschmeldungen ganz einfach, weil man daran glauben möchte.

Forschende der kognitiven Wissenschaften erklären, dass wir dazu neigen, nach Informationen zu suchen, die uns beruhigen. Das setzt Dopamin frei.

Angeblich haben sie Dupont de Ligonnès* festgenommen!

Ich wusste, dass er noch lebt!

Während unser Gehirn negativ auf Informationen reagiert, die uns widersprechen.

Forschende haben eine Untersuchung durchgeführt, bei der die Teilnehmenden Geld bekamen, wenn sie bereit waren Ansichten zu lesen, die ihren eigenen entgegengesetzt sind.

Äh, sorry, das war eine falsche Fährte.

Ich leide.

Sie sind gegen den Maskenzwang? Lesen Sie den Artikel »Er war erst 35 und starb an COVID-19«.

Die Meisten lehnten das Geld lieber ab, als gegenteilige Meinungen zu lesen.

eine Krankenschwester aus Dakota mitten in der Pandemie

Ich nehme gerne das Geld. Oder eine Pizza gratis?

Coronaleugner wollen nicht daran glauben, selbst wenn sie intubiert werden und beinahe sterben. Sie sind davon überzeugt, dass sie Lungenkrebs oder etwas anderes haben. Aber nicht Covid.

* Fünf Mitglieder der Familie wurden 2011 erschossen und tot aufgefunden, der Vater, Dupont de Ligonnès, ist verschollen.

Am Dunning-Kruger-Effekt sieht man deutlich,
dass wir alle das Bedürfnis haben, uns selbst zu bestätigen.

Die Teilnehmenden der Studie wurden
einer Reihe von Grammatik- und Logik-
tests unterzogen und sollten sich
am Schluss selbst bewerten.

Die, die am schlechtesten
abgeschnitten hatten, waren
davon überzeugt, dass sie
die Besten waren!

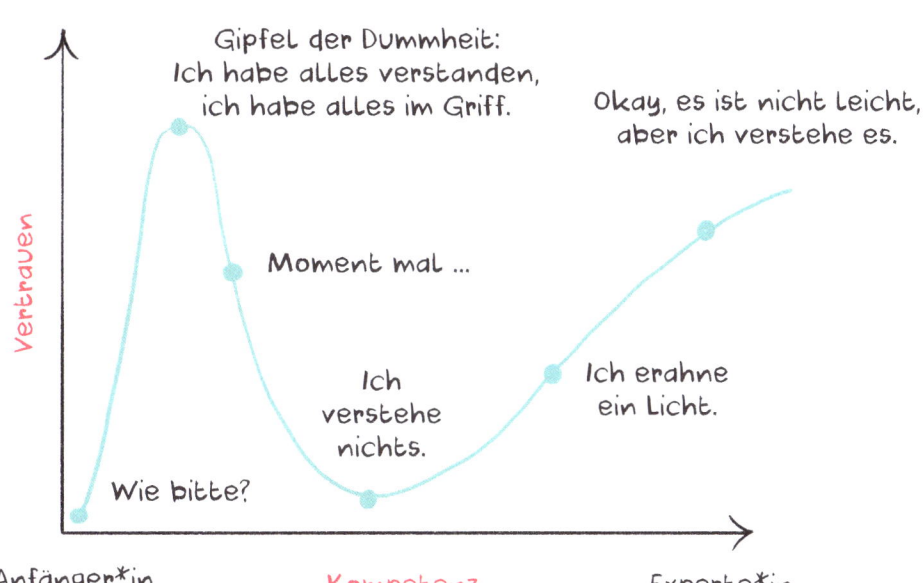

Wenn wir eine Falschmeldung verteidigen,
gibt das uns das Gefühl, schlauer zu sein als die anderen.

Falschmeldungen ziehen uns an, weil wir Teil einer Gruppe sein und durch Likes bestätigt werden wollen.

Hey, 50 Retweets und 100 Likes bei meinem Post »Notre-Dame, ihr werdet belogen«!

Ganz klar, dass ein Gelbwestler das Feuer gelegt hat!

Die sozialen Netzwerke sind zum Schauplatz einer manchmal erschreckenden Gewalt geworden.

Man schlage ihr den Kopf ab!

Aaargh! Schnell, ich muss Twitter kappen!

Dabei ist es wichtig, Menschen zu begegnen, die nicht dieselben Meinungen haben.

Ich sage Ihnen, Frauen lieben es, wenn man ihnen auf der Straße hinterherpfeift!

In einer Reportage versucht man, alle Stimmen einzusammeln und sie zusammenzufassen, damit der oder die Lesende sich seine/ihre eigene Meinung bilden kann.

160

Wenn man anderer Meinung ist, beschuldigt man sein Gegenüber
Fake News zu verbreiten. Wir leben in einer Kampfkultur.
Ich bin mir nicht sicher, ob uns das weiterbringt ...

Wir leben in einer komplexen Welt.
In der Fülle an Informationen finden wir uns nur noch schwer zurecht.

Wir müssen vereinfachen.

Dadurch sind wir anfälliger für
Falschmeldungen, die sich einfacher
und eindeutiger präsentieren.

Und noch was. Biologisch gesehen sind wir darauf programmiert, uns vor Gefahren zu schützen. Ein Überlebensinstinkt!

Daher neigen wir dazu, alle Informationen anzuklicken, die uns vor einer Bedrohung warnen, z. B. vor Verbrechen oder kontaminierten Nahrungsmitteln.

Und dann ist da noch unser menschlicher Stolz. Wir akzeptieren keine Zufälle. Wir sehen lieber geheimnisvolle Verbindungen. Geht aus Spaß mal auf die Webseite von Tyler Vigen, auf der er seltsame Verbindungen herstellt, die Ideen für Verschwörungstheorien liefern könnten.

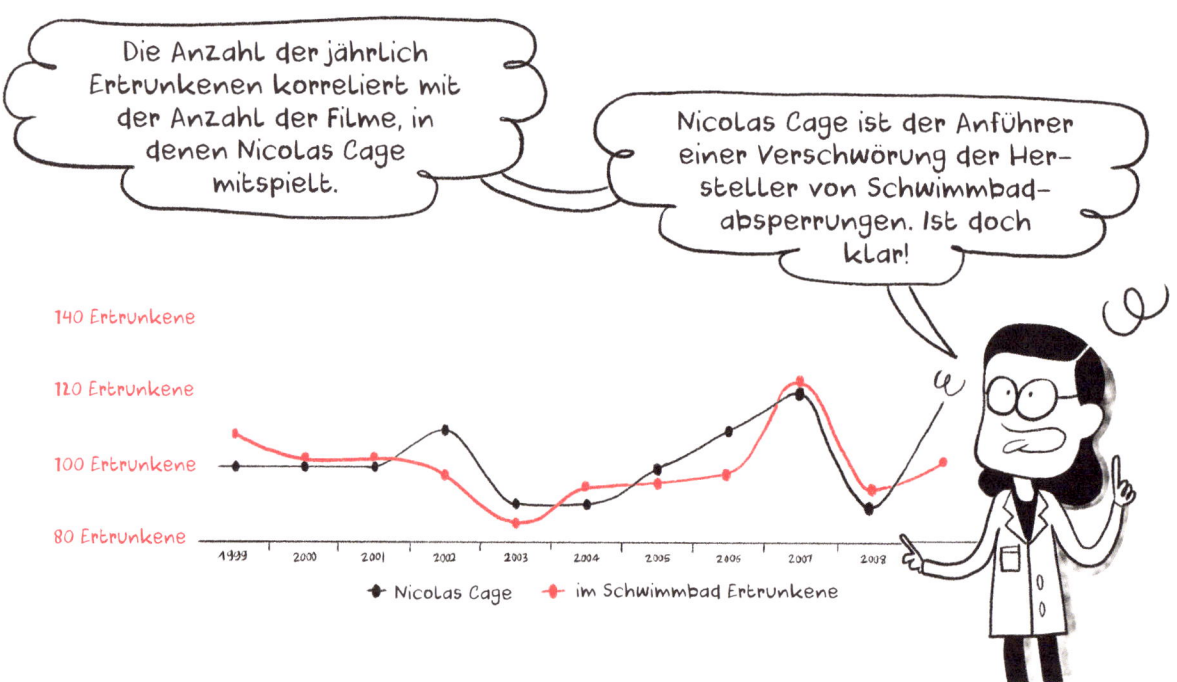

Wenn ich in die Schulen gehe, um über meinen Beruf
als Journalistin zu sprechen, taucht eine Frage immer wieder auf:

Wird Ihnen befohlen, etwas Bestimmtes zu schreiben?

Nein. Mein Artikel kann schlecht sein. Oder ich habe ein Thema, das nicht zieht ...

Damit Jugendliche den Umgang mit Medien lernen, schickt der Verein Entre Les Lignes ehrenamtliche Journalist*innen in Schulen und Mediatheken.

Ich kann mich irren, das ja. Aber niemand schreibt mir etwas vor.

Aber als die Zeitungen geschrieben haben, dass Dupont de Ligonnès verhaftet wurde, war es eine Fake News, oder?

Also, ja, hier muss ich zugeben, dass wir es alle vermasselt haben! Aber es gibt einen Unterschied zwischen fehlerhaften Informationen und Fake News.

Wenn wir feststellen, dass wir uns getäuscht haben, stellen wir es richtig. Aber eine Fake News verbreitet sich immer weiter.

Die Agence France Presse und alle Medien haben sich dafür entschuldigt, dass sie eine Information veröffentlicht haben, die sich als falsch herausgestellt hat.

Im Fall von Xavier Dupont de Ligonnès sind wir, die Medien, zu sehr vorgeprescht.

Hier sind noch weitere Tipps, die wir den Schüler*innen mitgeben, damit sie das Wahre vom Falschen trennen können. Das kann auch für Erwachsene nützlich sein.

UNSERE TIPPS, UM FAKE NEWS ZU ERKENNEN

Tipp Nr. 1: Retweete nichts, was nicht wirklich geprüft ist.

Tipp Nr. 2: Wenn es dir doch passiert, lösche den Tweet und erkläre, dass du dich geirrt hast.

»Seine Pupse können Mücken auf sechs Meter Entfernung töten.«

(Wenn dir das zu komisch vorkommt, ist es möglicherweise falsch.)

Tipp Nr. 3: Es ist besser, die Person, von der die Nachrichten oder Videos stammen, persönlich zu kennen. Misstraue den Fotos und Profilen auf Twitter und Facebook: Manchmal genügt eine Rückwärtssuche bei Google, um zu sehen, ob die Bilder aus Datenbanken stammen.

das wahre Gesicht von Tatiana, 24

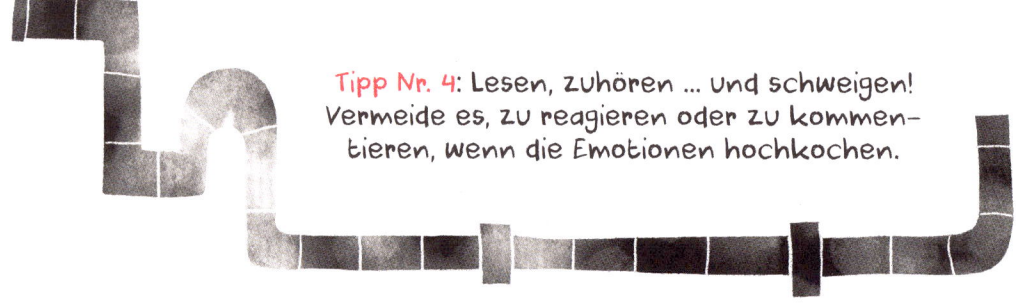

Tipp Nr. 4: Lesen, zuhören ... und schweigen! Vermeide es, zu reagieren oder zu kommentieren, wenn die Emotionen hochkochen.

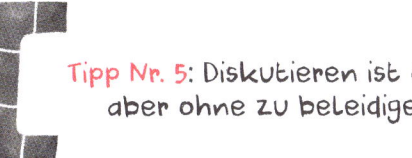

Tipp Nr. 5: Diskutieren ist okay, aber ohne zu beleidigen.

Tipp Nr. 6: Zwinge dich dazu, entgegengesetzte Ansichten zu lesen. So vermeidest du, in einer Informationsblase eingeschlossen zu werden, die dich von der Vielfalt der Meinungen trennt.

Tipp Nr. 7:
Bevor du einen Beitrag teilst, prüfe die Quelle! Satirische Medien stellen in der Rubrik »Über uns« klar, dass es sich um satirische Inhalte handelt.

Tipp Nr. 8:
Gehe auf Verifizierungsseiten wie Hoaxmap oder First Draft News.

Tipp Nr. 9:
Das gilt auch für die Bilder, die auf Facebook zirkulieren: Wenn ihr eine Rückwärtssuche bei Google-Bilder macht, könnt ihr feststellen, ob das Bild gefakt ist.

Prüfe auch das Copyright des Bildes (Fotograf*in, Datum und Ort der Aufnahme).

> Siehst du das Bild der Demo mit den blutenden Menschen ...

Deepfakes sind mit KI hergestellte Bilder und Videos, die nur schwer als Fälschung zu erkennen sind.

> Das ist nicht in Paris, das ist in Bagdad!

Am besten, man macht eine Rückwärtssuche bei Google, um die Quelle zu verifizieren.

> Trump ist ein Stück Scheiße!

You Won't Believe What Obama Says In This Video!

Dieses Video wurde gemacht, um zu zeigen, wie man mithilfe der Technologie jedem/jeder irgendwelche Worte in den Mund legen kann.

Einmal waren wir in den Sommerferien so sehr in unser Harry-Potter-Spiel vertieft, dass ich zu einer Freundin meiner Tochter sagte:

Weißt du, ich bin eine echte Hexe!

Ja, wirklich! Abends öffne ich das Fenster und fliege los! Ich hab meine Prüfung in Hogwarts gemacht.

Wie verantwortungslos! Und wenn das Mädchen dir glaubt? Dann macht sie jetzt das Fenster auf und versucht zu fliegen, das ist supergefährlich!

Ich musste die Mutter anrufen.

Ähm, es tut mir wirklich Leid, ich habe in den Ferien Mist gebaut, ich habe Mila gesagt, dass ich eine Hexe bin und fliegen kann. Könntest du ihr bitte sagen, dass das nicht stimmt?

Die Moral von der Geschichte: Wenn man etwas Falsches sagt, muss man es dementieren. Das heißt Verantwortung übernehmen!

Es gibt so viele Dinge, die wir nicht verstehen. Wen wundert es da, dass wir versuchen, irgendeine Erklärung zu finden.

Und was ist mit den Socken, die verschwinden? Wir müssen reden!

Sag mir, wo deine Schwester ist!

Niemals!

Doan! Huhu! Hier sind wir!

Was ist denn ...?

Mal ehrlich, wie viele Tunnel gibt es in meiner Wohnung?

Doan!

Am Ende des Abenteuers wacht Alice auf und merkt, dass sie ihre Reise nur geträumt hat.

Erneut übertrifft die Realität die Fiktion.

Denn wer hätte an das unwahrschein-liche Szenario von 2020 geglaubt ...

... eine Pandemie, oder Monsterbrände in den USA, in Brasilien und in Australien oder ein amerikanischer Präsident, der sich weigert, seine Wahlniederlage anzuerkennen?

Die Coronapandemie war ein idealer Nährboden für Fake News.

Einer Studie der Oxford University zufolge wurden Videos mit Fehlinformationen über COVID-19 über **20 Millionen Mal geteilt**. Das ist mehr als die Summe aller geteilten Beiträge der fünf größten englischsprachigen Nachrichtenquellen auf YouTube.

Die Querdenkerszene ist ein trauriges Konglomerat aller Verschwörungstheorien. Impfgegner*innen treffen auf Klimaskeptiker*innen ...

Robert F. Kennedy Junior

Unter ihnen gibt es viele QAnon-Anhänger*innen.
Die Bewegung hat auch auf dieser Seite des Atlantiks Wurzeln geschlagen.

Trump ist der Messias! Er wird uns retten!

Kaninchen!

Komm, wir decken gemeinsam die Verschwörungen auf!

Eins ihrer Symbole ist das Kaninchen ...
aus »Alice im Wunderland«!

Bye!

Kaninchen?!

Aber, das war doch meine Metapher!

Die Welt steht Kopf, sag ich euch!

* frei nach »Alice im Wunderland« von Lewis Carroll

MAINSTREAM-MEDIEN (MSM):

Abwertende Bezeichnung für die »traditionellen« Medien, denen vorgeworfen wird, dass sie von den herrschenden Macht-habenden bezahlt werden. Die Rechtsextremen sprechen von »Re-Information« und meinen damit ihr Anliegen, einen Teil der Bevölkerung durch die Diskreditierung der Mainstream-Zeitungen zu »re-informieren«.

MAINSTREAM-WISSENSCHAFT:

Verschwörungstheoretiker*innen stellen nicht nur die traditionel-len Medien infrage, sondern auch die traditionelle Wissenschaft. Für die Flacherdler*innen ist z. B. die Tatsache, dass die Erde rund ist, eine Frage des Glaubens, nicht der Fakten.

DEEP STATE
(TIEFER STAAT ODER STAAT IM STAATE):

Verschwörungstheorie, nach der es in vielen Ländern eine unter-irdische Regierung gibt, innerhalb derer hohe Funktionär*innen die Welt regieren.

ILLUMINATI:

Nur wenige Menschen wissen, dass damit die Illuminaten ge-meint sind, ein der Aufklärung nahestehender Geheimbund in Bayern, der im 18. Jahrhundert aufgelöst wurde. Angeblich agiert der Bund im Verborgenen weiter. Monarchisten und kirchennahe Kreise warfen dem Geheimbund vor, die Revolution und eine sata-nische Bewegung angestiftet zu haben. Die sehr beliebte Idee einer Sekte, die den Eliten — und manchmal dem Teufel — nahe-steht und die Welt beherrscht, hält sich bei Verschwörungstheo-retiker*innen hartnäckig.

Das nennt man eine »Supertheorie«: eine Art Potpourri aus unter-schiedlichen Verschwörungstheorien, in denen die CIA, die Frei-maurer*innen, die Zionist*innen u. a. vorkommen.

THRUTHER:

Truth ist das englische Wort für »Wahrheit«. Die Thruther be-haupten von sich, dass sie die von den Mainstream-Medien verdeckten Wahrheiten ans Licht bringen. Zahlreiche tragische Ereignisse werden von ihnen angezweifelt, wie z. B. der Anschlag vom 11. September oder die Amokläufe in zahlreichen Schulen in den USA.

HOAX :

Scherz, Gerücht oder Falschmeldung, die sich sehr schnell im Internet verbreitet. Oft geht ein Hoax in den sozialen Medien oder als Spammail um.

FALSE-FLAG-OPERATIONEN:

Verwendeter Begriff für bewusste Inszenierungen. Zahlreiche Attentate, Katastrophen und politische oder militärische Ent-scheidungen sind angeblich von den Regierungen selbst einge-fädelt worden. Damit wollen sie ihre geheimen Ziele verfolgen.

CRISIS ACTORS (KRISENSCHAUSPIELER):

Verschwörungstheoretiker*innen glauben, dass die meisten Opfer von Katastrophen oder Massentötungen oder Angehörige, die sich öffentlich geäußert haben, in Wirklichkeit bezahlte Schauspieler*innen sind und dass die Interviews nur gespielt sind, um die Bürger*innen zu täuschen.

RED PILL (ROTE PILLE):

Der Begriff nimmt Bezug auf den Film Matrix, in dem der Hauptdarsteller eine rote Pille schluckt und dann merkt, dass die Welt, in der er lebt, nur eine Illusion ist. Diese Metapher wird oft von Verschwörungstheoretiker*innen herangezogen, um das »große Erwachen«, The Great Awakening, zu beschreiben, den Moment nämlich, in dem ihnen die Augen geöffnet wurden und sie festgestellt haben, dass es eine ganz andere Wahrheit gibt.

PIZZAGATE:

Affäre, die 2016 während des Wahlkampfs in den USA stattfand, als Hillary Clinton gegen Donald Trump antrat. Wikileaks hatte E-Mails von demokratischen US-Abgeordneten öffentlich gemacht. Darin sahen die Verschwörungstheoretiker*innen verschlüsselte Nachrichten an den Besitzer einer Pizzeria, der angeblich einen Kinderhandel vertuscht hat. Diese Theorie wurde so vehement vertreten, dass einer von ihnen dazu gebracht wurde, das Feuer in der besagten Pizzeria zu eröffnen, zum Glück ohne jemanden zu töten.

4CHAN:

Forum, in dem unterschiedliche Verschwörungstheorien kursieren. Das Forum wurde mehrfach verboten und ist unter neuen Namen immer wieder aufgetaucht.

QANON:

Bewegung, die 2007 im Forum 4Chan entstanden ist. Dort verbreitet ein mysteriöser Q unterschiedliche Behauptungen, die ursprünglich mit dem amerikanischen Wahlkampf in Verbindung standen und sich gegen Hillary Clinton richteten.

Die Anhänger*innen der Idee von Q nennen sich die QAnon. »Anon« heißt dabei anonymous — anonym. Die meisten von ihnen unterstützen Donald Trump, weil sie davon überzeugt sind, dass er der Einzige ist, der die Welt vor der pädosatanistischen Intrige retten kann, die von den Eliten angeführt wird.

WWGWGA:

Akronym von Where we go we go all, Kampfspruch, der oft von den QAnon verwendet wird. Wörtlich kann man ihn übersetzen mit »Wo wir hingehen, gehen wir alle hin«.

Ich danke Leslie für ihr Talent und Lorène und Louis-Antoine für ihre sachkundige Beratung und ihre Geduld.

Dank an den *Nouvel Observateur*, insbesondere an das tolle Team vom Auslandsdienst mit seinen Reportagen.

Ich danke meiner ganzen Familie, die mich unterstützt. Hut ab vor dem Verein *Entre Les Lignes*, der Freiwillige in die Schulen schickt, um gegen Fake News vorzugehen.

Doan Bui

Ich bedanke mich herzlich bei Doan, Louis-Antoine, Lorène, Léopold, Bernadette und dem Atelier Oasis 4000.

Leslie Plée

Wir produzieren nachhaltig
• Klimaneutrales Produkt
• Papiere aus nachhaltigen und kontrollierten Quellen
• Hergestellt in Europa

MIX
Papier aus verantwortungsvollen Quellen
FSC® C107574

CARLSEN COMICS NEWS
Jeden Monat neu per E-Mail!
www.carlsencomics.de
www.carlsen.de
Carlsen-Bücher gibt's überall im Buchhandel und auf carlsen.de

© Carlsen Verlag GmbH · Hamburg 2022
Aus dem Französischen von Christiane Bartelsen
FAKE NEWS — L'INFO QUI NE TOURNE PAS ROND BY DOAN BUI AND LESLIE PLÉE
Copyright © Éditions Delcourt, 2021
© 2020 Bibliographisches Institut GmbH (Duden), Berlin
Redaktion: Jasmin Männel & Sabine Witkowski
Herstellung und Lettering: Minou Zaribaf
Alle deutschen Rechte vorbehalten
ISBN 978-3-551-72329-1